ALL AGES

Word SEARCH BOOK

Q E D E T E R M I N E D S U Y T L
E E V D N T T S I N C E R E M T T
N T T B P Q E A M O X M F R R P H
I A A W U O P T I M I S T I C A O
O N V R F E H B P D P K V I P B U
D O J K E G C W N G B D U P Q Y G
Q I W T C D N J C H L C Y Z E M H
C T W R T L I I H I J C H P E A T
R C S S C Z T S K I T U I S P V F
E E P Q N F G S N R V E O G V K U
A F A M L Y K R T O O H G P K O L
T F T F U Q E W R U C W F R R X K
A I B R I L L I A N T D P E L Y
U E O U Q J K A O M J E R N N O

FOR SMART KIDS

Future Einsteins

This book belongs to:

____

____

Table of Contents

Construction Zone

C	J	M	E	X	C	E	T	B	D
S	K	C	I	R	B	B	F	U	F
Z	A	E	G	L	S	O	I	L	H
D	Q	E	M	Q	D	G	L	L	A
Y	O	N	E	U	J	Q	K	D	R
I	S	A	G	B	J	J	R	O	D
J	E	R	U	O	A	N	O	Z	H
Z	Q	C	E	O	K	F	F	E	A
M	X	E	Q	T	M	Y	V	R	T
X	F	W	T	S	N	M	B	T	N

Boots
Bricks
Bulldozer
Crane
Forklift
Hard Hat

Hawaiian Adventures

F	C	X	O	U	X	I	S	U	C
M	O	J	Q	M	I	C	X	D	O
W	N	L	A	A	H	D	N	T	E
M	C	S	W	F	U	A	P	Q	E
Y	N	A	R	U	L	Z	Z	H	L
H	H	C	T	S	A	U	O	J	E
Z	H	U	I	Z	F	N	Y	U	L
L	C	A	S	E	Z	A	X	S	U
F	M	U	A	L	O	H	A	U	K
Z	U	L	H	F	E	X	O	W	U

Aloha
Hawaii

Hula
Island

Luau
Ukulele

Dinosaurs

J	D	J	U	R	A	S	S	I	C
J	P	H	B	W	R	G	P	Y	W
L	S	F	S	P	P	L	X	R	T
S	J	T	O	B	Z	I	Y	U	P
P	Y	Q	H	S	I	T	Y	A	R
R	M	W	X	A	S	P	W	S	A
A	P	O	Q	V	E	I	W	O	P
U	E	G	U	E	S	V	L	N	T
D	W	I	J	K	P	M	S	I	O
P	T	R	E	X	I	I	R	D	R

Dinosaur
Fossil

Jeep
Jurassic

Raptor
T-Rex

Fast Food Frenzy

E	K	A	H	S	K	L	I	M	N
R	D	Y	F	B	L	B	E	Z	H
N	J	P	B	R	O	P	O	M	O
Z	B	P	U	A	I	L	J	X	T
H	U	D	D	H	G	E	K	O	D
W	R	Q	B	S	C	C	S	D	O
R	G	U	X	O	N	T	S	Y	G
O	E	Y	T	D	X	X	E	B	K
I	R	V	H	A	J	H	W	K	W
P	S	U	L	C	G	W	Q	S	M

Burgers
Fries
Hot Dogs
Ketchup
Milkshake
Soda

Merry Christmas!

S	T	O	C	K	I	N	G	S	H
C	X	C	S	J	O	T	A	Y	S
O	R	B	A	M	O	F	T	T	K
R	E	N	M	R	T	N	N	N	X
N	I	D	T	Z	O	E	Q	L	U
A	N	H	S	E	S	L	Y	G	Q
M	D	G	I	E	U	S	S	K	M
E	E	B	R	C	S	G	C	U	P
N	E	P	H	G	O	E	Z	B	W
T	R	F	C	C	N	B	R	A	I

Carols
Christmas
Ornament
Presents
Reindeer
Stockings

I Scream for Ice Cream

N	O	M	A	N	N	I	C	V	F
N	P	N	O	G	N	A	M	M	W
C	H	E	E	S	E	C	A	K	E
E	G	P	R	A	N	G	V	N	G
N	E	A	P	O	L	I	T	A	N
T	G	F	D	A	W	X	K	V	E
V	D	T	F	G	E	A	K	V	H
V	O	S	E	O	W	S	Z	X	K
N	A	C	E	P	C	W	K	C	V
U	S	Q	E	V	D	O	S	Q	Y

Cheescake
Cinnamon
Coffee
Mango
Neapolitan
Pecan

Hanging Seaside

S	L	E	N	I	H	S	N	U	S
A	O	O	S	E	Z	G	S	J	T
N	D	U	E	I	K	L	A	M	H
D	J	S	A	O	H	C	A	E	B
C	Y	Z	G	L	L	H	I	G	L
A	U	A	U	K	E	E	J	W	J
S	B	E	L	N	X	V	W	E	P
T	Y	I	L	B	I	X	O	O	K
L	T	E	S	M	K	T	L	H	T
E	J	Z	S	X	B	U	W	S	S

Beach
Sandcastle
Seagulls
Shovel
Sunshine
Towel

Cozy Night In

N	Z	B	Q	R	V	U	Y	Y	H
R	C	S	L	U	R	Y	E	J	O
O	S	M	A	A	X	R	F	T	T
C	R	P	O	M	N	P	J	B	C
P	E	J	Q	V	A	K	Y	R	O
O	P	U	M	N	I	J	E	D	C
P	P	D	E	M	H	E	A	T	O
T	I	F	T	X	X	R	G	P	A
M	L	Q	Y	V	T	S	X	D	D
Q	S	P	E	W	Z	E	T	M	E

Blanket
Hot Cocoa
Movie
Pajamas
Popcorn
Slippers

Picnic Day

O	N	V	L	O	J	S	I	K	G
E	V	P	B	A	S	K	E	T	E
M	T	I	X	O	R	W	U	O	N
E	E	C	A	Y	S	W	J	P	I
J	K	N	Y	T	O	E	K	G	H
A	N	I	O	V	O	J	H	A	S
H	A	C	Z	B	H	A	S	T	N
A	L	V	G	V	Y	A	L	P	U
V	B	Q	G	W	A	O	Q	A	S
S	R	O	O	D	T	U	O	D	U

Basket
Blanket

Outdoors
Picnic

Play
Sunshine

Natural Disasters

E	Z	D	F	I	C	L	E	E	E
R	H	S	T	U	T	L	F	K	U
R	P	C	V	O	O	V	A	S	N
J	T	R	N	H	R	U	A	W	Q
J	B	V	K	A	Q	N	W	G	D
U	E	N	K	H	L	E	A	R	L
M	I	H	T	S	V	A	T	D	A
S	D	R	X	P	I	M	V	N	O
V	A	A	F	L	O	O	D	A	O
E	S	E	R	I	F	D	L	I	W

Avalanche
Earthquake
Flood
Sinkhole
Tornado
Wildfires

Summer Olympics

L	I	W	F	E	N	C	I	N	G
O	L	O	U	J	U	D	O	Q	R
P	Y	A	C	Y	C	L	I	N	G
U	E	K	B	Q	Y	T	R	E	J
A	G	Z	R	Y	K	B	O	U	N
O	L	O	P	R	E	T	A	W	O
C	A	X	W	R	R	L	C	I	J
Q	A	C	C	V	R	Y	L	W	Q
V	E	D	W	M	I	S	H	O	P
S	B	S	I	N	N	E	T	C	V

Cycling
Fencing

Judo
Tennis

Volleyball
Water Polo

Royal Kingdom

R	R	C	U	W	J	M	U	P	V
P	O	R	E	Z	G	J	K	K	Z
M	H	Y	M	L	F	G	I	H	N
C	P	Y	A	Q	T	N	L	E	T
G	N	I	K	L	G	S	E	G	R
W	S	J	U	D	T	U	A	C	A
A	G	N	O	F	Q	Y	I	C	S
Y	H	M	J	T	H	G	I	N	K
N	P	L	T	U	E	B	Z	T	S
O	C	G	J	M	F	R	T	N	T

Castle
King

Kingdom
Knight

Queen
Royalty

Herb Garden

Z	X	R	K	U	D	C	S	A	L
Z	B	E	O	N	N	O	Y	W	K
N	F	D	N	S	Q	M	I	N	T
E	V	N	A	Y	E	K	O	D	Z
C	L	E	G	C	R	M	Z	U	L
I	S	V	E	H	G	S	A	I	B
W	D	A	R	I	P	L	S	R	S
J	N	L	O	V	Q	A	S	U	Y
I	F	A	T	E	B	S	Y	G	I
F	W	B	F	S	B	K	H	J	N

Basil
Chives
Lavender
Mint
Oregano
Rosemary

Happy Birthday!

E	X	D	C	S	V	J	N	O	B
D	C	D	T	E	Q	S	G	R	A
Z	V	F	P	C	D	K	E	K	L
Y	I	Y	B	N	H	E	C	A	L
G	L	Z	E	L	O	Q	A	K	O
Z	G	I	T	O	M	M	K	M	O
M	R	O	G	J	H	D	E	G	N
F	A	M	I	L	Y	C	Z	G	S
S	E	L	D	N	A	C	D	Q	Z
F	A	E	O	E	I	E	R	O	I

Balloons
Cake
Candles
Family
Friends
Gifts

Mother Nature

U	H	O	C	P	R	T	N	G	B
F	I	G	R	E	E	N	E	R	Y
A	V	S	T	M	Q	A	E	M	E
O	G	L	V	P	T	M	R	A	Q
N	S	T	O	O	N	S	Q	T	W
Z	T	L	R	K	I	R	L	L	H
N	N	O	G	I	J	F	A	X	T
X	A	V	Y	G	D	D	L	G	R
J	L	E	O	W	Q	I	R	W	P
J	P	Y	J	R	Q	S	G	U	B

Bugs
Dirt

Earth
Greenery

Love
Plants

Technology

Y	C	X	U	C	U	D	B	Q	R
I	L	I	D	M	E	I	U	Z	B
C	Q	X	Y	C	L	O	R	B	W
T	X	M	G	P	P	R	Q	B	I
E	F	E	L	B	P	D	A	T	N
G	L	A	A	D	A	N	M	U	D
X	A	G	U	M	Z	A	A	C	O
E	N	O	O	T	H	H	Z	W	W
S	L	A	C	O	Y	F	O	V	S
C	K	Z	O	Z	G	R	N	C	B

Amazon
Android
Apple
Cloud
Google
Windows

Wild West

H	O	L	S	T	E	R	Y	I	L
S	W	A	L	T	U	O	O	R	A
G	E	M	N	S	Y	B	N	J	S
R	H	D	A	Y	T	N	F	B	S
E	P	J	Q	U	G	Z	P	I	O
V	R	O	W	E	S	T	E	R	N
H	B	A	N	D	A	N	N	A	Y
C	O	W	B	O	Y	S	P	X	A
D	M	D	K	B	F	E	V	W	C
Y	J	K	E	F	K	F	K	O	N

Bandanna
Cowboys
Holster
Lasso
Outlaws
Western

Water Sports

N	H	B	F	R	U	S	P	T	X
B	Q	D	J	J	E	T	S	K	I
C	S	W	I	M	M	I	N	G	K
W	W	A	T	E	R	P	O	L	O
G	N	I	L	I	A	S	O	R	Z
T	N	S	F	F	T	U	U	Y	U
L	R	I	W	Y	V	X	E	P	Q
T	U	R	W	S	E	B	Q	B	W
O	N	K	X	O	D	R	W	T	N
C	T	X	B	Z	R	W	O	A	W

Jet Ski
Rowing
Sailing
Surf
Swimming
Water Polo

Types of Juice

A	P	P	L	E	B	T	E	Q	N
I	V	J	Y	K	G	I	Q	W	P
Y	B	D	V	X	O	U	Y	O	I
K	S	E	V	T	U	R	T	R	N
W	S	A	A	Z	P	F	G	A	E
C	W	M	O	G	V	E	R	N	A
X	O	A	Q	Y	S	P	A	G	P
T	G	B	D	F	E	A	P	E	P
S	N	P	K	M	P	R	E	X	L
P	C	F	O	X	A	G	N	S	E

Apple Grapefruit Pineapple
Grape Orange Tomato

Winter Olympics

G	T	A	D	H	A	N	C	P	V
D	E	L	S	B	O	B	U	A	G
T	P	R	Z	T	H	W	R	M	N
G	N	I	T	A	K	S	L	D	I
L	H	U	V	I	W	U	I	Q	I
R	U	G	E	V	P	B	N	A	K
D	V	G	M	M	R	V	G	J	S
B	V	V	E	A	F	E	P	F	I
R	D	R	A	O	B	W	O	N	S
N	J	U	L	S	U	F	B	I	X

Bobsled
Curling
Luge
Skating
Skiing
Snowboard

A Day at the Zoo

P	M	J	Y	N	J	W	T	Q	M	X	T	Q	N	M	V	Y
K	X	Z	N	I	I	G	R	C	A	Z	H	A	Y	K	O	U
D	D	L	D	T	G	U	I	J	H	M	Z	U	A	C	S	Q
J	R	M	C	Q	Z	J	G	W	S	W	R	L	U	F	Z	X
I	T	A	A	F	D	N	N	N	X	G	S	E	A	L	J	R
M	P	D	P	G	Q	Y	T	O	E	B	V	C	K	M	R	Q
O	X	G	Y	O	O	M	G	O	J	P	Q	H	V	D	H	A
K	P	I	Q	C	E	A	I	W	A	S	J	I	B	K	Q	M
Q	Q	B	G	W	W	L	R	B	U	V	H	M	Z	T	L	Z
P	G	B	H	I	Q	D	A	Z	S	O	I	P	M	N	G	B
V	U	O	U	H	Q	B	F	V	A	O	W	A	O	A	I	D
V	G	N	X	U	E	I	F	B	I	R	F	N	C	H	G	V
I	E	E	A	A	S	W	E	M	W	A	N	Z	U	P	X	T
Z	V	X	R	T	U	L	J	D	T	G	A	E	I	E	W	J
L	O	F	X	L	C	P	C	M	L	N	F	E	M	L	G	R
O	E	R	W	Y	N	Q	V	H	G	A	D	H	Y	E	E	W
E	X	J	F	N	X	I	D	Z	L	K	M	Q	L	S	M	T

Bear
Chimpanzee
Elephant
Gibbon
Giraffe
Kangaroo
Leopard
Penguin
Seal

Life of a Bug

E D O F A R C R P S A J W Y D V R
T W M E U B I C E T B U K B R S M
H D H F E M L M M W B U C U O V K
N V C E E U K J R X I W R T F X M
Y E T K D Z A N O Z V A I T I O E
X L W N P S P V E E T Q C E S A S
E G H E P I Q P B T N M K R X T P
F S Y V T P N E D L L R E F S R K
Q J R Q J L M Q V G P R T L P C D
M L K O R Q Y V X D U W B Y I I L
S J T U S N U O Y P S E E T H B D
A E R A Y I M D Q G S E S P S B I
I H I D M N T O E H V A A X R A B
K S D A O W N N D U H I W G R Q G
M A W C Z H F X A C X C M G F F O
Y C O I M H Y H X M W O B B H A W
W H E C C M A Q X T G S P I D E R

Aphid	Cicada	Spider
Beetle	Cricket	Stick
Butterfly	Mantis	Wasp

Color Palette

U	S	P	B	V	Z	Z	D	X	J	Z	U	T	A	N	C	T
U	J	D	M	A	R	O	O	N	B	I	B	N	S	F	T	W
I	H	A	R	T	Z	T	I	W	T	T	W	A	D	A	J	T
L	Q	G	W	O	A	O	I	Z	G	W	B	V	N	B	G	H
M	A	U	Y	O	R	B	F	V	R	R	L	Y	E	E	X	G
S	N	O	E	V	L	A	S	B	Z	J	N	B	B	J	T	I
S	F	D	C	E	T	L	N	T	O	R	J	L	E	S	R	N
G	K	A	B	R	J	D	E	G	C	T	D	U	D	V	B	D
T	C	O	H	B	A	W	T	Y	E	N	A	E	O	Y	G	I
F	D	N	J	S	F	H	T	P	N	L	I	G	E	A	A	M
E	Z	C	O	R	V	O	C	U	O	D	V	Z	L	T	N	M
O	D	Z	R	E	D	Z	D	R	P	W	X	U	L	K	W	R
J	H	P	C	F	B	F	W	P	B	D	Z	A	C	Z	R	B
B	D	X	P	I	K	J	G	L	B	I	H	H	H	J	A	F
H	T	W	T	Y	R	X	R	E	I	S	W	C	U	E	S	V
W	I	O	E	Y	W	F	U	V	F	B	R	P	M	Z	H	Q
A	R	N	I	G	J	H	V	A	N	P	J	W	F	J	W	P

Charcoal
Maroon
Midnight
Navy Blue
Orange
Purple
Red
Tan
Yellow

Fashion Week

C	H	W	O	H	S	M	K	W	Q	A	P	H	M	O	V	Q
D	N	U	T	I	J	O	E	E	N	W	S	B	F	T	T	Z
V	O	Z	J	N	D	C	F	T	K	H	C	U	X	S	O	I
Z	I	W	A	R	G	T	L	O	C	B	O	C	I	E	B	J
E	H	Y	C	E	B	N	A	R	I	C	A	L	K	Q	K	W
K	S	A	P	D	B	K	W	T	S	F	Y	Z	A	R	P	X
G	A	W	Q	O	B	H	T	E	A	T	D	I	Y	U	D	P
E	F	N	I	M	H	G	O	R	S	Z	J	L	K	I	C	Y
X	T	U	R	J	T	T	G	O	E	K	G	J	E	R	E	F
H	Q	R	D	E	S	I	G	N	E	R	V	N	L	K	Y	T
E	V	N	I	O	A	H	I	G	K	C	X	R	B	Z	B	O
F	M	C	P	R	Q	H	A	C	V	Y	H	N	U	D	C	J
F	K	D	B	L	C	Z	X	P	X	H	N	X	M	Y	B	C
T	K	R	O	Y	W	E	N	Q	O	H	M	Y	Y	B	R	T
H	C	Y	R	R	I	G	B	R	X	H	R	H	P	O	C	V
F	E	U	V	K	Z	S	F	U	E	G	A	Z	G	E	O	S
F	I	K	I	T	E	G	A	T	N	I	V	P	W	J	Z	J

Designer
Fashion
Modern
New York
Retro
Runway
Show
Stylist
Vintage

Pizza Party

O	K	V	L	B	A	E	V	Q	G	M	C	P	L	U	C	V
R	T	W	G	L	U	K	D	P	P	A	A	S	H	G	B	R
I	H	H	G	P	N	Q	E	Z	Z	V	F	A	R	H	H	G
R	S	I	N	O	R	E	P	P	E	P	F	U	U	C	N	D
B	I	C	R	P	M	E	T	J	I	U	R	S	C	A	H	H
D	U	W	J	L	B	P	F	C	U	E	B	A	F	N	Q	T
K	A	B	A	C	O	N	H	I	C	S	Q	G	P	I	B	E
X	Y	X	W	V	H	M	A	R	E	E	Y	E	M	P	A	L
E	P	U	A	K	K	R	D	S	T	E	B	R	R	S	M	W
L	E	J	L	D	B	M	K	Y	P	H	R	A	A	X	T	Y
P	J	P	F	I	V	O	U	V	C	C	L	N	S	J	N	Z
P	F	L	E	A	S	Q	Z	S	I	H	A	M	C	Z	S	V
A	R	W	R	L	X	A	G	E	H	A	P	H	Y	F	J	H
E	N	V	V	C	A	O	B	G	B	R	U	K	O	R	H	C
N	H	E	J	P	K	A	W	F	R	W	O	B	N	W	R	P
I	F	F	H	B	X	L	O	N	B	D	F	O	W	E	Q	Y
P	C	B	K	Y	Z	H	C	F	H	V	C	T	M	O	E	B

Bacon
Basil
Cheese
Ham
Mushroom
Pepperoni
Pineapple
Sausage
Spinich

Cup of Tea

```
C K U A Q R N F R T A H E R B A L
B T M C V L R L H Q W I W E T C L
C B X W G Z K A H C N E S X V U B
Y H H F F T Y D G F L N X R A D C
H Q A O B V O R Q J E U P H P H D
T D Y I P Y G N U E Z O C M M B Y
M Z X W P G T W R N O T I P N B X
S L S X C Y A G A L A J D N E E X
E Q T H R Q B N O M E F G Y L G W
T H Y J Y U E N R M V Z J T N I M
I D D P U N G B H V B P O E F Z N
H G Q C E M W Y Q O X I J J Q K J
W J D F W O S M A H W Q V P O U K
H T P U B E Z D Y J D E P F S G F
S W P F E K F D Y Y K H R K E W C
C L K S I G I B L A C K Q W M I S
D Q N O J Z L T X K C I R X V J G
```

Black	Herbal	Oolong
Chai	Matcha	Sencha
Green	Mint	White

Back to School

D	S	D	K	O	M	A	A	U	E	P	T	R	M	K	Z	Q
S	S	C	D	A	Q	G	X	F	Q	F	V	H	E	Y	E	S
X	E	O	Y	G	Y	S	K	N	H	W	B	H	E	H	I	L
O	L	L	U	N	C	H	B	O	X	P	G	K	D	G	J	W
X	V	U	L	B	Q	Y	M	F	Q	S	O	Z	X	V	S	L
L	Q	P	J	Y	M	L	S	J	A	O	M	A	G	Q	K	W
W	Q	B	K	Z	T	Q	A	D	B	J	D	P	B	T	O	T
U	R	S	A	Y	U	F	V	E	N	N	R	S	R	X	O	N
B	E	G	Z	C	I	N	T	T	P	E	R	Q	E	M	B	D
D	Q	G	U	U	K	O	Q	A	H	W	I	X	F	G	R	D
J	T	I	R	S	N	P	M	Y	S	W	S	R	S	V	G	J
F	S	K	H	O	E	Z	A	E	K	L	B	V	F	C	A	Y
Z	V	O	I	N	Z	A	K	C	H	H	R	P	L	D	L	I
J	L	K	C	N	U	S	M	T	K	T	T	C	S	Q	R	E
Q	V	I	N	I	A	C	O	M	P	U	T	E	R	D	D	M
Z	L	T	P	I	I	S	R	E	K	R	A	M	I	N	D	V
S	A	V	U	B	J	C	D	S	X	N	M	K	H	T	C	A

Backpack
Books
Computer
Desk
Friends
Lunchbox
Markers
Notebook
Pencils

Outdoor Activities

H	F	S	X	G	U	B	Y	D	K	H	E	R	V	K	X	L
R	G	R	B	P	G	Z	N	G	Z	R	Z	E	I	G	H	E
L	L	N	D	Y	A	A	A	H	B	Q	M	C	Z	T	J	Q
C	M	V	S	K	T	H	D	W	K	B	L	C	I	E	J	F
S	A	U	I	K	E	R	C	Z	V	L	S	O	F	C	J	K
Z	B	M	N	P	Z	I	P	T	B	F	Q	S	K	S	G	B
Z	A	O	N	P	E	J	N	I	O	L	X	I	Z	Q	N	A
G	S	N	E	G	E	P	Y	F	A	C	C	Y	T	W	I	G
A	K	K	T	L	R	Z	Z	P	R	K	S	Z	Z	C	N	T
N	E	E	U	H	F	W	A	G	B	M	Z	P	L	A	N	R
B	T	Y	D	K	J	W	I	A	U	L	R	K	O	U	U	B
Y	B	B	S	E	P	E	L	F	W	E	N	D	H	H	R	Z
M	A	A	T	U	T	L	Z	C	H	C	M	N	M	S	R	M
I	L	R	W	F	F	T	P	C	E	R	O	O	N	D	J	Q
E	L	S	M	K	E	B	O	C	T	W	A	S	G	D	P	X
Z	H	C	V	Q	J	N	G	N	I	B	M	I	L	C	K	O
E	K	O	B	Q	X	R	Y	Q	Y	U	T	L	Y	L	H	L

Basketball
Climbing
Freeze Tag
Hopscotch
Kickball
Monkey Bars
Running
Soccer
Tennis

Fortnite

Q	R	O	C	K	E	T	W	V	E	O	L	P	D	Y	R	G
Q	X	A	G	E	S	I	W	Y	T	Y	O	F	N	B	Z	E
N	J	G	M	X	C	Q	P	U	Z	A	C	X	I	B	L	V
T	N	S	E	G	L	X	U	J	I	T	B	O	Q	T	J	S
Q	A	F	P	L	Z	Z	U	A	K	X	U	M	T	K	S	S
F	P	C	E	S	U	P	Y	N	D	A	P	A	O	B	C	T
L	L	L	T	D	N	U	E	N	W	A	B	U	J	C	F	Y
R	B	J	I	I	H	J	Y	J	G	B	B	N	I	A	R	A
Q	D	Z	N	Q	C	X	K	H	Q	A	K	I	Z	D	E	P
P	I	H	T	D	P	A	Q	H	A	D	L	Q	Q	P	M	J
K	E	F	R	A	V	V	L	P	Y	L	U	M	P	U	O	B
B	Z	C	O	O	S	S	P	S	H	L	P	P	R	R	T	Z
N	U	I	F	S	T	M	C	G	J	J	N	Y	U	R	E	T
I	U	J	C	L	Y	G	G	Y	H	F	E	R	D	G	A	Y
P	L	Y	U	E	L	V	D	D	C	R	F	O	D	M	H	G
P	Q	M	K	L	A	U	N	C	H	E	R	U	E	F	D	S
G	K	V	Q	R	O	H	P	Z	N	A	L	R	Y	W	C	K

Battle	Fortnite	Rocket
Combat	Launcher	Squad
Dab	Remote	Tactical

Body Parts

U	I	K	M	M	K	P	I	F	I	N	G	E	R	S	Z	S
V	A	U	K	C	O	G	K	U	I	R	R	Z	V	T	F	V
M	C	V	E	D	P	L	F	U	E	V	J	S	W	I	Z	I
G	J	N	I	R	X	I	E	L	B	O	W	A	K	T	H	Y
L	B	D	M	T	S	V	K	X	Z	U	I	F	Q	U	L	A
P	J	X	Q	H	I	B	Z	X	Z	S	E	Q	K	O	L	A
P	T	G	T	F	A	A	L	A	T	J	M	O	P	K	J	L
T	A	V	J	S	X	F	N	K	H	T	S	Z	T	C	X	Y
T	J	V	K	R	V	K	K	E	N	H	S	K	J	E	F	C
C	Q	U	C	A	L	G	T	N	G	R	I	N	R	K	K	B
G	W	L	L	E	Z	K	H	I	A	M	J	E	S	Y	L	S
I	T	H	I	Y	L	V	H	X	V	A	R	E	I	N	T	J
Z	T	F	X	Y	L	T	X	Q	J	Y	V	V	U	C	U	R
I	I	Y	X	B	R	A	B	B	A	D	H	Q	I	F	N	N
O	T	C	K	M	D	Q	A	R	E	D	L	U	O	H	S	I
D	K	W	X	Y	U	L	I	N	D	F	P	G	T	B	V	S
J	Z	O	E	N	J	F	A	M	F	I	H	Z	N	I	N	R

Ankle
Elbow
Fingers
Knee
Neck
Shoulder
Skull
Thigh
Waist

Superheroes

H	U	L	K	W	C	A	N	A	M	R	E	D	I	P	S	F
G	J	R	U	O	D	D	X	Z	Q	Z	Q	Z	U	C	H	U
W	W	Z	I	N	F	Z	H	Y	H	N	A	H	Y	U	N	U
D	C	I	A	D	L	Y	C	Y	M	A	V	W	E	D	A	C
K	T	L	S	E	N	D	O	L	U	C	J	S	C	C	M	P
B	J	E	S	R	A	D	K	Z	B	I	P	U	I	U	T	P
P	I	N	C	W	M	D	Q	H	O	R	I	W	T	G	A	R
Y	Z	I	W	O	T	E	R	H	K	E	I	R	S	P	B	T
C	L	G	O	M	N	A	B	T	D	M	Y	D	U	H	H	M
L	P	D	Z	A	A	B	I	D	X	A	N	C	J	O	H	Z
U	J	J	U	N	Z	R	F	Q	G	N	U	I	R	I	C	F
D	Y	N	J	J	O	J	M	L	V	I	C	U	U	H	R	T
Y	Z	N	H	N	D	H	J	S	R	A	H	G	B	B	G	K
R	X	T	M	U	A	A	E	H	O	T	F	F	Y	G	K	D
R	W	A	M	D	L	M	C	A	W	P	Q	Y	U	H	E	N
R	N	P	P	A	S	U	P	O	M	A	C	N	Q	L	R	B
C	D	X	I	Q	F	Q	T	F	T	C	L	P	M	J	M	N

Antman	Hulk	Spider-Man
Batman	Iron Man	Thor
Captain America	Justice	Wonder Woman

Shopping Spree

Y	C	U	E	D	X	V	E	P	D	B	M	C	S	I	C	V
V	T	E	P	Z	B	N	T	U	T	S	O	N	K	E	G	Y
N	J	P	C	O	O	R	G	H	G	X	O	T	A	B	W	Z
O	Q	V	C	N	Z	P	W	M	E	G	K	W	F	T	V	V
S	Y	M	U	B	R	S	Q	V	T	R	B	D	S	E	G	F
H	R	A	A	S	Z	N	N	Z	Q	Y	A	T	F	A	I	T
O	A	G	W	V	M	X	C	I	O	H	L	P	G	X	H	X
P	S	A	V	A	Z	F	F	A	A	S	R	E	Y	Q	Y	S
A	Y	Z	L	V	I	T	W	T	G	G	W	D	U	J	P	E
H	J	L	K	X	B	X	G	R	L	V	R	L	X	L	E	W
O	Q	R	E	H	G	I	B	E	W	X	U	A	U	B	U	X
L	B	G	S	R	W	Q	R	A	A	O	S	R	B	M	L	J
I	Q	Q	K	H	Q	P	B	T	Y	B	G	S	O	E	W	P
C	N	U	A	U	H	X	K	K	V	E	O	C	B	A	L	M
W	C	M	R	E	T	A	I	L	R	I	W	O	P	A	W	F
K	B	H	X	U	J	D	P	I	I	J	W	E	L	G	P	M
D	I	Z	B	K	O	B	O	U	T	I	Q	U	E	X	K	Y

Bags
Bargains
Boutique
Mall
Retail
Shopaholic
Splurge
Therapy
Treat

Family is Everything

H	Q	L	E	R	A	G	Z	F	Q	B	S	U	B	J	W	C
I	V	G	V	C	W	F	U	O	P	W	T	G	L	M	H	A
L	T	F	I	P	W	F	I	S	E	A	N	B	Q	F	P	E
B	G	C	E	H	F	V	B	T	W	K	E	K	S	A	Z	H
B	B	G	B	L	P	J	G	E	J	D	R	D	A	M	U	R
T	K	O	Y	N	B	Y	S	R	X	W	A	V	B	I	A	F
M	I	B	W	E	P	H	T	R	I	B	P	M	B	L	S	E
O	T	N	C	G	U	E	A	D	O	P	T	E	D	Y	A	W
L	R	P	K	N	N	T	M	C	R	W	X	E	S	I	R	P
P	Y	F	J	E	K	B	H	E	S	D	D	C	G	P	K	N
G	U	L	R	T	S	O	N	X	U	N	C	J	Z	R	O	J
Y	V	W	O	I	I	O	M	F	E	W	A	Q	R	F	I	J
Q	H	Q	L	V	E	V	L	T	D	K	H	Y	F	U	Z	U
F	I	U	S	Z	E	N	X	C	T	H	Z	N	G	D	P	J
S	I	Q	I	T	F	E	D	Y	R	K	G	M	D	A	S	Z
K	A	R	I	X	S	X	U	S	N	D	Z	U	Q	Q	J	N
R	O	P	X	O	I	T	T	G	K	V	R	Y	N	T	F	R

Adopted
Birth
Close-Knit
Extended
Family
Foster
Friends
Love
Parents

Interesting Animals

K O K A P I G J K J N C B Z V R L
W J U T O U U L O X N G I R S Y O
F Q C X P B O A A H I Y K L V G Q
C A S S O W A R Y A W A W A F N L
Y U U F C Z C S E K K X L J T O N
U X L W M K X P U A E E T T P G W
J F A C Q F Z A P P K J S F Y U K
D V S D U P Q O S A Y J W F Y D E
V D S Z O K U W Y R W T X V K B G
K C O C A E P P E A D F A O Q Z K
W X F J Y G K B P B G R Y L R X J
H X E L Z G L L O Y D E W Y P R U
O A Y B L C M A H P V I C M W T L
S L C R V M O Z Q A L S A B E T J
K R I S G O N N Q C U R X D G J J
O C K G V M A S O U I A U B O D K
B C N W S G N P E L J T W L N A P

Capybara
Cassowary
Dugong
Fossa
Kakapo
Okapi
Peacock
Platypus
Tarsier

Let's Set Sail

E	H	E	Y	A	U	I	I	C	S	O	L	M	U	Z	X	V
E	T	L	B	E	P	M	W	H	T	H	P	K	U	C	Z	C
U	Z	A	W	K	X	N	J	R	K	J	N	K	V	L	G	A
R	Q	G	O	B	O	W	O	B	Z	U	U	A	C	Q	K	I
N	X	L	N	B	E	P	R	D	R	Z	Q	K	V	J	Z	V
X	C	P	V	A	F	N	V	N	V	E	M	O	S	Q	E	B
C	A	W	Y	V	C	U	W	J	O	D	U	T	T	N	K	Q
G	P	U	N	P	M	S	I	W	S	S	E	O	E	H	P	R
C	T	N	K	O	E	Z	L	B	L	R	S	U	T	A	O	V
D	A	P	C	A	T	X	I	T	N	J	B	B	I	F	Z	S
N	I	H	O	X	S	K	Y	W	D	I	G	W	O	G	I	Q
L	N	I	U	C	G	T	N	S	V	N	Q	W	D	I	Y	U
N	F	C	N	W	T	A	S	E	I	E	T	G	J	S	D	U
C	J	L	O	Q	E	X	J	L	G	B	Q	E	Z	I	N	F
O	K	D	U	C	U	W	I	E	K	L	W	Q	W	S	Z	G
H	C	I	O	Q	L	A	H	B	N	Q	N	E	M	S	X	N
E	S	X	L	U	S	X	Q	V	K	V	N	M	O	L	I	U

Boat	Ocean	Stem
Bow	Port	Stern
Captain	Sailing	Sun

Rainforest

D B G D S J Z H O D H L W E S K F
G V S L T U J T E P B O N C Y Y T
J C P X M X N V N E S J V X F P L
T R O P I C A L Z O X G U G W S G
M M F N H A M X M T Z N H K T U E
N I A R A U U Z C C Z A O P V X P
M O J O F Y M O K K P C M T J H H
F Z I N X V Y I C R B Q S A J B T
T T P T T C R G D M M E Y X I M X
J U K U A T X C H E R S P N U S I
M Q D U D T Q G Y O O O J P N A Z
C A N O P Y E V F M T A T I B A H
I Y Z U Z K M G W P Z A I N H Z C
Z C Z I Q B P D E I N J U N G L E
J J P N J J O A C V Y B N U P T E
G L D I Z I K R X X M G G C M K R
W Q Y R Q W L B M M G C E Y A Q J

Amazon	Habitat	Rain
Canopy	Humid	Tropical
Forest	Jungle	Vegetation

Thanksgiving Feast

A	T	C	I	L	Y	S	M	S	O	L	U	K	H	Y	N	F
O	C	Y	Z	U	C	R	A	N	B	E	R	R	Y	M	S	P
A	I	H	O	I	L	C	Z	U	F	I	W	V	A	U	R	Q
F	Y	P	S	D	X	A	N	M	D	Q	J	X	Y	N	X	A
S	D	U	S	E	M	V	T	U	R	K	E	Y	M	X	I	K
S	H	M	S	M	A	R	S	H	M	A	L	L	O	W	N	C
W	W	P	M	C	G	V	Y	R	D	D	E	I	G	C	L	N
L	O	K	L	V	C	P	M	B	F	P	Q	S	C	L	A	Q
V	Z	I	F	B	Q	Q	U	A	Q	J	E	U	H	A	Y	F
F	X	N	P	P	Y	V	P	B	N	H	Y	Z	T	H	J	U
J	R	P	Q	A	I	P	I	G	A	X	B	L	O	J	D	C
U	O	Z	M	Y	L	N	Y	S	Q	H	U	P	N	L	W	U
V	L	S	W	E	Y	F	D	U	J	B	I	I	U	O	R	Y
F	L	Z	S	T	U	F	F	I	N	G	A	E	B	O	Q	R
I	S	U	N	S	T	Q	M	M	V	V	V	S	I	T	F	M
O	P	S	H	U	J	T	A	T	C	M	Q	H	L	W	V	L
F	M	D	A	U	A	W	V	D	H	O	S	Y	F	S	O	H

Apple
Cranberry
Marshmallow
Pie
Pumpkin
Rolls
Stuffing
Turkey
Yams

The Universe is Magic

Y	P	Y	N	O	W	G	Y	I	R	K	S	V	L	I	B	F
X	L	W	B	J	U	S	C	A	B	E	A	K	X	G	Y	N
U	A	K	T	Q	Y	R	J	Q	W	F	I	U	I	R	A	U
G	P	T	R	N	P	N	X	B	P	Y	D	B	K	H	T	K
I	Q	N	I	K	J	D	F	L	L	D	K	T	K	U	E	K
T	U	K	U	B	K	F	D	X	P	I	S	L	P	M	M	M
W	E	Y	N	L	E	E	T	B	A	W	F	C	I	V	O	D
O	Z	X	I	A	A	W	Z	J	Q	Q	X	J	S	M	C	F
E	V	I	V	C	C	F	H	A	X	R	S	L	B	S	A	T
C	G	I	E	K	V	U	C	O	O	I	I	J	L	U	W	Z
F	A	S	R	H	S	U	P	E	R	N	O	V	A	K	N	P
F	L	V	S	O	F	S	K	Y	S	X	W	C	P	Y	P	G
T	A	K	E	L	E	W	P	E	P	A	O	X	J	U	F	E
V	X	A	U	E	I	N	M	L	B	S	T	E	N	A	L	P
O	Y	S	B	P	Q	E	Q	F	M	Z	Y	H	X	C	R	M
H	Q	N	E	C	A	P	S	O	Z	Y	R	N	V	M	A	G
C	N	Y	A	F	J	J	S	D	X	Y	X	E	X	W	W	C

Black Hole
Comet
Cosmos
Galaxy
Milky Way
Planets
Space
Supernova
Universe

Spa Day

F	B	V	I	T	E	N	X	H	Z	G	Z	B	U	P	O	K
B	L	E	G	S	G	H	X	Q	I	P	U	W	U	D	F	I
V	X	R	A	B	A	K	K	Y	N	I	R	W	A	J	C	O
V	C	X	M	Y	S	A	C	S	P	S	M	S	X	Q	D	Y
C	K	C	P	M	S	I	A	J	B	Y	E	R	M	X	Y	B
S	C	O	E	Q	A	G	O	E	O	P	B	F	A	O	Q	B
H	X	U	T	G	M	D	Z	K	X	A	B	R	N	H	M	D
A	L	Z	A	K	C	Z	O	O	W	R	F	D	I	K	N	E
C	A	R	R	V	V	Q	K	M	P	W	X	X	C	D	Y	E
B	Q	O	D	U	C	S	T	E	A	M	S	S	U	K	U	W
V	L	G	Y	Z	N	P	E	M	P	U	S	D	R	L	G	A
J	G	F	H	H	H	O	I	Y	W	G	O	M	E	D	K	E
X	U	Y	O	O	P	L	K	S	A	U	N	A	M	W	Y	S
V	A	A	R	Y	I	Z	Q	D	Z	L	H	E	M	X	K	D
C	V	E	G	G	V	X	F	A	C	I	A	L	F	N	J	K
J	P	R	K	W	H	K	I	C	O	J	G	G	S	C	L	H
U	I	Y	P	P	Z	F	M	P	E	D	I	C	U	R	E	C

Facial	Massage	Seaweed
Hydrate	Pedicure	Steam
Manicure	Sauna	Wrap

Take a Hike

V	I	U	K	E	T	I	P	R	F	Z	Y	B	B	S	X	L
G	R	H	I	K	I	N	G	P	Z	E	V	E	Y	I	U	A
D	K	L	N	B	U	S	V	K	J	T	C	S	Z	C	J	U
B	I	S	N	R	F	I	R	S	T	A	I	D	K	I	T	E
Q	T	K	P	M	Y	R	T	Z	U	Y	W	V	F	A	M	O
Y	N	C	H	D	T	T	I	I	X	E	K	Z	F	T	N	N
A	X	A	V	V	E	S	H	B	L	G	T	P	S	Y	D	B
Q	S	N	U	N	O	F	W	G	Z	M	R	Q	J	O	A	K
K	X	S	B	O	T	T	L	E	I	W	D	J	Y	C	B	T
B	O	V	V	P	H	A	Z	A	E	L	Q	C	K	O	F	R
J	V	M	X	H	J	V	A	M	D	S	H	P	M	D	L	A
T	E	P	F	W	V	B	Z	E	C	M	A	S	X	Q	Q	I
T	E	B	F	U	S	A	I	W	Z	C	W	E	A	X	W	L
D	J	I	M	H	T	B	F	R	K	Q	M	N	J	L	K	M
I	I	N	K	F	O	C	P	F	V	S	T	G	X	T	F	A
I	C	U	I	M	O	E	L	T	S	I	H	W	M	Z	N	P
L	B	C	P	I	B	D	L	T	N	B	Q	Y	E	H	G	M

Backpack	First Aid Kit	Snacks
Boots	Flashlight	Trail Map
Bottle	Hiking	Whistle

Chilly Winter Nights

T	Q	E	M	G	X	B	Y	Z	O	C	G	H	L	R	U	E
C	N	K	C	Z	D	F	I	R	E	P	L	A	C	E	K	I
X	H	X	F	D	Z	L	C	T	H	M	M	R	A	S	P	P
D	R	R	P	Y	A	A	F	C	H	J	O	U	Y	I	H	J
S	Q	B	U	K	X	N	H	Q	O	T	V	D	K	C	J	F
W	T	X	A	X	C	N	O	I	T	M	Z	G	U	A	R	I
O	H	N	W	R	F	E	T	U	T	T	Z	D	W	J	S	C
L	A	E	T	E	C	L	C	K	U	A	D	C	Q	B	Q	S
L	N	T	L	T	P	J	O	H	B	L	F	M	J	A	T	H
A	G	A	Y	R	C	C	C	W	E	J	A	A	O	E	U	I
M	O	L	M	O	G	P	O	S	H	C	F	M	K	R	B	G
H	U	O	E	F	C	Y	A	C	F	Y	O	N	P	U	B	I
S	T	C	I	M	L	X	R	S	O	V	A	Z	U	K	A	F
R	C	O	M	O	X	Q	S	V	I	L	W	N	O	L	X	D
A	B	H	R	C	Y	P	R	E	B	S	K	O	D	B	Q	F
M	Y	C	S	O	V	C	S	D	A	T	X	J	Y	J	C	L
W	C	P	W	F	Y	E	K	W	F	D	D	S	R	I	D	S

Blankets
Chocolates
Comforter
Cozy
Cuddles
Fireplace
Flannel
Hangout
Hot Cocoa
Hot Tub
Marshmallows
Movies

Household Plants

W	G	I	Q	B	R	F	M	U	S	V	B	D	Y	V	R	E
O	L	X	G	C	R	S	O	A	N	A	A	T	L	M	U	U
N	S	S	U	T	C	A	C	H	G	K	M	Z	I	O	G	C
J	J	T	T	D	Y	W	C	C	M	E	B	D	L	N	G	A
X	T	E	B	N	Y	V	V	X	H	X	O	M	E	E	D	L
G	F	N	Q	B	I	N	N	H	F	S	O	W	C	Y	P	Y
D	E	G	C	Y	S	M	F	D	F	A	L	R	A	T	K	P
T	R	L	A	G	C	N	A	V	K	Q	Y	V	E	R	E	T
N	N	I	G	R	I	S	J	U	I	V	Y	F	P	E	Y	U
J	M	S	C	T	E	D	I	K	Q	W	S	R	R	E	K	S
F	N	H	H	D	V	V	S	V	R	E	D	N	E	V	A	L
S	L	I	W	K	C	H	E	F	I	C	U	S	E	F	T	L
N	G	V	H	M	F	S	T	O	O	C	Z	Q	R	J	T	Y
Y	O	Y	Z	F	P	A	S	R	L	O	J	X	T	X	J	S
P	R	Y	F	H	P	G	V	U	G	A	H	C	Q	C	I	A
Z	Y	G	K	Y	X	P	C	K	D	Q	K	V	K	I	J	M
V	F	X	M	N	K	C	M	J	Q	C	C	E	B	Q	B	O

Aloe Vera
Bamboo
Cactus
English Ivy
Eucalyptus
Fern
Ficus
Ivy
Lavender
Mint
Money Tree
Peace Lily

Let's Get to Work

M S L N N M E V I F N P R X S O N
E N A U K H O Q L Y S E A Z O L H
M B P T L K V O O Q N L C S T K V
O C T P S R I M S T X O K I Q S N
R P O A K O E M R O Q R G W R J S
I P P I G W V A B B X P J M A P K
Z K L T N E P C O M P U T E R W M
E M Z O M M A V X H L V P P V S U
Q V T B R O F G D E A D L I N E H
D E Z V F H L O O E Y S T U D Y A
S Q R D O S R S T W K U Z E V R N
S D R A C X E D N I O Y S I W E M
Q A M M B T F A R D H G U O R A P
M D E G R C C N X D P V G Z X H Y
Y E H C P Z S L O Q A I C E A W Y
O A S V U E T G Y R E T A W Q H E
Q S H N V X F Y P W H Q K D S Y Q

Computer
Deadline
Exam
Homework
Index Cards
Laptop
Memorize
Notes
Partner
Rough Draft
Study
Water

Florida State of Mind

P C W H R F L M A X D Y Q L B D P
P G I C L M N Y P V X R E L A X S
L O C M S U A Q K O D N A L R O P
A U V F M I Y J L N I I S Q P D R
N K P I K Z D B Y P N V W T T T N
K Y A F A H T P W I E S A N Q O T
N M T B O A C J W E A K T P X U L
I Q G B J C Y A N R T X B G S J S
D E J H K Y B A E W F U O Q X N U
T Z R N U B P B B B G X P Q Q I N
Z M G P F L S I E P K B R L W M S
B Q Z O E D M A N A T E E M S M H
X Y S S T V U P S A Y E L I V D I
Z Q Q J L L J F L O R I D A L G N
P C P Y S E D A L G R E V E Y C E
Z R E S O R T S O P Q W U O K L B
N M A Y Z S S P R I N G B R E A K

Beach
Everglades
Florida
Manatee

Miami
Naples
Orlando
Pier

Relax
Resorts
Spring Break
Sunshine

Canada, Eh!

G	O	L	A	O	G	H	Q	P	G	Q	S	M	I	S	T	P
W	A	V	E	U	U	E	H	R	M	A	L	S	X	Y	G	L
F	U	Y	F	P	A	B	M	O	K	E	T	C	M	R	L	L
H	Y	Z	I	H	P	P	U	V	A	W	X	N	H	U	A	M
Y	F	E	L	A	M	N	V	I	Y	C	Z	Z	T	P	E	F
G	E	R	D	X	T	G	R	N	M	W	F	C	J	U	R	Z
N	Q	X	L	A	Y	D	Q	C	X	P	A	F	M	C	T	Y
M	C	F	I	P	O	O	U	E	P	N	A	E	E	G	N	Y
G	O	N	W	N	B	Z	E	S	O	K	L	A	L	U	O	S
P	S	G	M	A	S	S	B	E	Z	S	B	X	W	C	M	P
H	T	U	X	I	W	H	E	X	C	N	E	X	U	V	C	T
C	Y	A	M	D	M	H	C	H	D	H	R	J	F	I	D	T
R	S	W	D	A	M	I	U	R	S	S	T	G	X	N	Z	S
M	G	O	Z	N	V	Y	X	I	X	T	A	D	A	N	E	G
B	W	T	F	A	E	L	E	L	P	A	M	C	A	K	R	H
Q	Z	T	X	C	G	Y	Z	N	B	Z	B	N	A	W	Z	M
S	M	O	Z	N	E	Y	G	E	F	J	Y	L	Q	V	J	R

Alberta
Canadian
Canoe
Lakes
Maple Leaf
Montreal
Mountains
Ottowa
Provinces
Quebec
Syrup
Wildlife

Netflix & Chill

X	T	D	Y	D	C	S	D	C	S	S	D	N	E	I	R	F
F	Q	X	Z	D	L	J	D	T	Y	Z	O	C	H	L	V	R
O	O	I	C	E	T	P	W	V	Y	C	Z	I	A	E	S	E
I	U	Q	H	V	X	S	N	F	W	I	P	W	A	W	K	L
E	G	O	I	G	J	V	T	F	T	W	C	X	O	Q	V	A
Z	Q	V	L	F	S	V	L	R	K	C	T	B	B	G	A	X
M	N	O	L	C	O	M	H	J	O	A	T	D	I	D	Y	I
W	Q	Y	G	C	O	G	J	W	B	P	Y	O	N	N	X	N
Z	W	T	M	S	F	M	N	T	A	L	S	I	G	O	D	G
L	N	J	O	P	T	Y	E	U	Q	K	F	N	E	H	I	R
A	M	Q	V	L	O	V	K	D	B	A	X	X	W	T	S	A
A	P	X	I	I	G	P	S	Q	Y	P	N	Z	A	A	D	N
M	O	B	E	U	E	N	C	H	W	P	J	C	T	R	I	P
B	V	W	S	E	J	Y	L	O	O	T	G	T	C	A	X	Z
O	E	F	H	Z	O	S	O	J	R	W	E	G	H	M	X	K
U	W	N	T	Y	Z	Z	K	P	V	N	S	D	E	N	G	G
N	E	T	F	L	I	X	Q	M	O	V	Q	D	K	Z	L	M

Binge-Watch
Chill
Comedy
Cozy
Friends
Marathon
Movies
Netflix
Popcorn
Relaxing
Sports
TV Shows

Future Me Will Be...

O	U	T	M	L	J	B	A	N	K	E	R	G	X	U	S	Z
W	Z	C	P	Q	I	J	U	Q	I	I	D	H	V	M	K	R
V	F	E	S	P	M	W	Q	P	U	P	M	F	Y	T	L	U
H	I	T	U	U	J	O	U	R	N	A	L	I	S	T	V	E
K	A	I	Y	Z	K	E	L	J	O	I	Y	N	Y	S	F	N
I	C	H	R	I	A	K	T	E	E	G	T	S	U	C	I	E
E	C	C	A	G	M	Q	X	N	Z	H	G	P	L	V	C	R
C	O	R	T	V	E	M	P	S	E	E	X	I	B	L	T	P
E	U	A	I	I	R	U	T	R	O	D	V	C	Z	P	N	E
P	N	F	L	Q	W	Y	A	L	H	Z	I	H	Z	R	U	R
Y	T	Q	I	M	M	P	O	C	B	W	Z	S	C	V	R	T
Q	A	Q	M	N	I	G	N	B	L	A	W	Y	E	R	S	N
E	N	L	V	S	I	G	T	Z	B	Q	Q	K	H	R	E	E
P	T	B	T	S	Z	X	D	G	W	M	K	Z	F	O	P	N
K	X	G	T	O	C	B	B	L	L	D	H	M	E	M	E	T
H	E	H	O	D	B	U	E	R	F	K	U	M	H	H	R	I
K	E	G	D	Z	K	M	O	G	Q	Q	V	S	C	W	E	U

Accountant
Architect
Banker
Chef

Entrepreneur
Geologist
Journalist
Lawyer

Military
Nurse
President
Therapist

All About Africa

T	X	B	B	P	W	K	V	B	I	G	Y	S	D	V	L	B
O	O	T	H	N	P	G	U	X	M	M	A	L	A	W	I	V
U	Z	T	R	K	A	E	Q	T	P	Y	G	E	X	X	I	L
E	W	B	A	B	M	I	Z	V	A	O	K	P	H	P	S	Y
W	D	B	O	X	M	M	B	W	V	K	F	I	G	U	I	D
B	G	N	C	I	V	A	T	O	C	A	D	D	D	Z	L	Q
Q	F	A	W	I	G	R	L	E	T	B	N	A	N	B	R	Q
Z	M	F	U	M	B	V	D	I	N	S	N	W	Z	D	X	Z
K	J	U	E	V	G	K	T	F	F	O	W	B	B	O	X	C
I	A	U	C	N	E	V	H	S	N	W	L	A	C	V	U	A
W	P	S	Z	H	O	A	F	C	G	H	L	C	N	W	N	Z
F	U	H	K	A	I	O	T	C	Z	F	O	G	H	A	N	A
B	U	Q	M	R	J	G	R	V	U	R	L	I	W	B	J	Y
O	N	S	E	S	E	W	L	E	O	J	U	J	W	J	S	G
E	L	G	S	W	N	M	P	M	M	K	A	Y	N	E	K	M
A	I	A	O	W	F	U	F	F	B	A	K	F	Q	J	N	D
N	X	B	W	B	J	Q	K	T	G	P	C	W	A	H	J	N

Botswana	Ghana	Morocco
Cameroon	Kenya	Nigeria
Egypt	Malawi	Sudan
Gabon	Mali	Zimbabwe

Hot Summer Nights

A	C	U	J	R	U	R	L	P	I	L	Y	K	Q	B	M	E
S	Z	V	Y	L	L	C	V	O	Z	M	E	Q	T	M	X	J
D	L	Y	M	F	R	I	E	N	D	S	F	E	D	O	X	U
J	M	E	T	V	S	O	T	I	U	Q	S	O	M	V	J	C
W	O	R	B	A	B	P	N	M	Y	U	P	C	K	E	A	S
M	O	I	V	W	O	C	R	I	C	K	E	T	S	N	W	T
U	N	F	A	L	L	E	N	O	R	T	I	C	D	M	V	E
F	L	N	Z	G	Y	M	Z	V	S	B	K	L	Y	T	O	L
B	I	O	K	U	S	W	H	S	A	T	E	G	V	C	T	W
N	G	B	O	D	M	N	A	C	E	S	A	N	S	F	K	B
D	H	R	E	B	P	H	K	D	L	I	D	R	C	R	M	Z
A	T	X	O	L	E	Y	U	Q	I	Z	L	V	S	G	O	W
A	Y	M	H	F	A	O	D	P	G	S	I	F	F	J	C	G
V	G	T	L	R	Q	W	R	O	U	W	A	Y	E	D	R	R
E	J	G	D	L	V	T	E	P	O	O	L	P	A	R	T	Y
V	U	S	G	L	X	U	J	I	B	T	C	H	V	P	I	K
R	N	I	J	L	L	G	G	N	I	L	L	I	R	G	E	F

Backyard
Bonfire
Candles
Citronella

Crickets
Fireflies
Friends
Grilling

Moonlight
Mosquitos
Pool Party
Stars

Candle Scents

P	A	N	P	I	V	N	V	P	T	X	W	Z	H	J	X	U
O	U	I	K	W	T	P	O	H	Q	X	H	Y	C	G	P	M
F	T	F	T	A	P	N	K	V	A	N	I	L	L	A	A	A
P	N	N	P	T	D	A	E	E	E	Q	D	N	G	P	D	P
T	I	F	O	E	C	H	H	E	Z	X	L	N	P	S	C	L
U	M	G	V	R	U	S	G	U	R	V	Q	L	R	E	U	E
I	R	D	Y	L	Z	H	L	V	B	G	E	F	G	Q	U	S
B	A	O	A	I	B	J	X	J	G	P	R	S	U	P	N	Y
Z	E	O	K	L	H	D	X	E	I	D	H	E	M	G	O	R
S	P	W	C	Y	I	D	O	E	S	T	U	J	V	K	J	U
T	S	L	H	A	F	Z	J	Q	V	O	A	R	K	E	S	P
K	G	A	K	F	N	K	U	Y	O	K	R	J	H	B	U	I
O	D	D	K	Y	R	R	E	B	N	A	R	C	J	Q	R	F
V	D	N	Q	L	E	U	C	A	L	Y	P	T	U	S	T	Z
E	Z	A	K	F	W	X	B	L	Q	V	C	E	W	C	I	I
B	A	S	N	O	M	A	N	N	I	C	A	L	M	G	C	V
L	B	E	K	M	D	W	B	W	N	F	X	S	A	A	P	Q

Apple Pie
Cinnamon
Citrus
Cranberry
Eucalyptus
Evergreen
Maple Syrup
Rose
Sandalwood
Spearmint
Vanilla
Water Lily

Slumber Party Must Haves

N	G	X	W	O	A	C	X	O	I	W	D	W	B	J	U	S
Q	S	T	N	R	O	C	P	O	P	G	E	B	U	D	T	X
J	L	I	L	K	U	H	F	L	R	L	E	S	Y	V	J	R
O	E	S	R	I	D	N	L	S	W	P	E	L	B	H	S	N
Y	E	M	P	S	E	M	A	G	S	T	U	S	X	M	M	M
B	P	Y	T	L	U	B	P	C	A	C	X	E	S	C	U	A
Y	I	I	O	I	A	K	R	L	T	U	U	X	T	S	Z	Y
V	N	R	A	S	E	B	O	R	D	H	F	S	I	H	H	F
S	G	Q	R	K	Z	C	Q	L	F	S	E	C	S	S	J	P
B	B	M	N	S	O	X	E	C	Y	I	P	X	I	Y	O	M
D	A	A	B	H	R	Y	C	T	V	A	R	L	M	E	N	F
Q	G	B	C	J	E	A	W	O	J	Q	O	N	U	D	U	X
E	U	H	Z	M	S	D	M	A	D	P	L	O	U	H	F	E
F	F	N	A	L	P	U	M	S	L	H	B	N	B	M	R	X
K	I	S	P	N	T	A	D	I	P	I	L	L	O	W	S	G
R	K	H	K	P	S	N	A	L	D	K	B	J	B	Q	G	G
T	P	F	R	I	E	N	D	S	X	W	Z	X	L	J	K	P

Chocolates
Eye Mask
Friends
Games
Movies
Music
Nail Polish
Pajamas
Pillows
Popcorn
Robes
Sleeping Bag

How Do You Feel Today?

Q	S	B	I	H	R	G	I	W	L	D	H	X	E	F	C	F
L	L	Z	Q	R	P	M	Z	Q	E	G	K	Z	P	R	Q	L
T	H	Q	M	A	S	H	M	T	M	O	O	D	Y	Q	E	C
X	C	J	M	C	L	U	A	T	H	F	Y	B	K	L	B	W
L	T	P	B	G	J	L	O	D	D	Q	O	E	I	X	S	J
J	M	D	R	O	E	Y	K	V	O	U	L	O	L	Y	A	C
L	M	Z	E	G	A	M	Z	N	R	T	P	C	A	F	F	A
P	O	M	O	R	Q	F	Z	A	V	E	I	B	P	V	W	L
E	J	C	P	Z	E	E	G	C	Q	G	N	X	E	N	A	M
A	O	S	O	C	S	S	U	J	Y	L	G	N	S	A	B	L
C	Y	E	G	N	V	T	E	U	Q	I	X	Y	J	I	T	A
E	F	R	V	W	T	D	X	R	N	N	D	S	O	R	R	Z
F	U	E	L	Z	P	E	R	X	V	X	Y	E	I	X	N	J
U	L	N	U	X	I	E	N	W	T	E	Y	Y	K	E	Q	Z
L	E	E	J	N	O	O	K	T	V	G	D	E	T	H	J	S
Y	D	Q	I	E	M	A	D	L	Z	X	Q	I	W	X	J	O
W	J	X	I	U	C	E	C	S	T	A	T	I	C	L	M	O

Calm	Joyful	Peaceful
Content	Mad	Reserved
Ecstatic	Moody	Serene
Elated	Nervous	Upbeat

Aloha, Hawaii

X	V	O	Y	X	V	Z	I	N	A	I	I	A	W	A	H	Z
E	A	H	J	S	H	O	S	F	F	I	L	C	V	X	I	R
S	G	S	Q	T	T	G	L	G	S	G	E	S	R	Q	B	V
S	L	G	Y	S	F	H	M	C	P	K	A	H	U	Q	W	R
W	R	N	S	I	V	E	W	B	A	C	J	W	H	E	L	H
M	M	O	N	R	Z	O	U	G	L	N	M	M	W	Z	X	E
N	T	P	O	U	C	X	Y	Q	T	R	O	F	L	W	O	H
W	C	U	R	O	O	R	P	U	A	I	R	E	M	U	L	P
A	F	A	K	T	R	A	E	K	H	B	C	S	S	M	S	N
T	W	J	E	Q	A	T	E	D	S	S	N	M	D	F	G	I
E	R	K	L	X	L	Z	R	W	N	D	F	R	S	W	P	Q
R	O	C	I	E	R	T	A	W	O	A	S	H	I	P	S	P
F	J	V	N	N	E	Z	E	F	S	A	L	O	H	A	W	Y
A	U	R	G	Z	E	H	J	W	V	M	X	S	O	V	K	L
L	C	O	G	H	F	G	B	F	O	B	L	J	I	A	C	H
L	V	W	R	C	U	P	C	H	M	V	Y	V	I	L	O	H
S	D	A	A	A	W	I	W	C	M	E	D	X	P	S	F	R

Aloha
Cliffs
Coral Reef
Hawaiian
Islander
Lava
Plumeria
Ships
Snorkeling
Tourists
Volcanoes
Waterfalls

Food Favorites

K	Z	Z	R	Q	F	W	I	L	S	T	S	P	H	G	E	E
E	J	N	S	B	C	Z	W	X	S	P	V	M	F	T	C	S
U	X	X	P	O	V	N	Z	R	U	U	D	J	G	V	V	J
G	X	K	Z	N	W	F	E	O	R	W	Y	E	F	K	S	U
S	B	A	A	Y	R	G	S	I	E	N	E	K	C	I	H	C
M	A	E	L	Z	R	Y	N	S	L	T	M	Q	X	P	J	T
I	G	T	O	U	U	U	E	C	L	A	B	F	G	U	N	X
C	N	S	B	Q	U	E	H	J	E	S	B	G	M	O	P	P
C	Y	M	P	E	H	O	B	R	R	T	V	J	C	I	D	Y
G	A	E	I	C	C	X	C	L	N	Q	C	A	Z	W	N	S
H	B	F	X	O	G	E	C	F	Z	U	B	Z	K	A	V	S
M	X	D	L	Z	C	O	L	W	P	S	A	V	V	K	M	F
S	F	A	E	I	J	R	F	P	T	A	T	S	F	P	S	Y
B	T	J	R	T	D	I	G	Y	Y	U	S	I	P	Z	V	E
E	H	S	A	P	S	C	V	U	Y	H	X	T	A	I	N	O
F	W	H	K	Q	W	E	N	S	U	S	H	I	A	H	S	T
V	W	W	O	R	I	B	K	A	I	O	D	J	F	I	M	K

Bacon
Cheese
Chicken
Chocolate
Hamburgers
Ice Cream
Pasta
Pizza
Rice
Soup
Steak
Sushi

Gemstones & Crystals

B	Y	V	A	J	J	A	D	E	X	R	Y	O	W	O	I	W
A	U	C	S	T	Z	C	U	J	V	B	A	A	W	S	F	U
Y	D	Z	Y	O	W	F	L	J	B	I	K	K	F	G	W	V
K	C	W	X	E	J	B	S	I	E	F	L	I	L	D	T	W
H	T	V	D	T	J	I	A	X	P	I	C	I	S	C	E	P
R	T	V	F	I	X	A	M	E	T	H	Y	S	T	J	N	E
E	R	D	Y	L	L	C	L	R	A	E	P	H	L	X	O	L
E	U	L	V	W	I	I	L	T	V	F	O	R	O	D	T	A
T	A	B	T	O	P	U	H	Y	H	E	B	E	F	U	S	P
B	V	Y	Y	H	D	Q	D	V	K	G	C	B	H	E	N	I
R	L	A	B	R	A	D	O	R	I	T	E	M	K	K	O	S
L	E	D	Y	D	K	T	W	B	Z	B	H	A	A	X	O	L
G	A	P	V	T	E	N	O	N	Z	H	N	G	X	B	M	A
X	G	P	S	Y	B	F	X	M	B	S	A	I	N	S	M	Z
S	G	F	O	A	M	T	W	M	V	T	L	R	K	R	Q	U
U	P	Z	B	A	J	S	T	Z	E	S	J	E	W	B	I	L
M	D	L	A	R	E	M	E	V	K	X	Y	P	G	T	K	I

Agate	Howlite	Lapis Lazuli
Amber	Jade	Moonstone
Amethyst	Jasper	Opal
Emerald	Labradorite	Pearl

Safari Trip

S	D	P	W	J	U	E	M	X	B	D	E	H	K	Q	H	F
J	U	N	G	L	E	N	C	I	Z	L	R	Y	D	R	L	X
S	E	E	R	T	C	E	N	Z	L	M	D	V	A	V	G	X
B	Z	E	Y	Q	D	C	P	E	Q	F	V	N	V	W	U	Y
K	K	R	P	G	U	Z	Z	C	A	J	G	L	B	A	K	Y
U	X	Q	P	U	M	A	T	W	F	E	K	A	W	A	J	O
I	E	A	E	I	G	X	V	L	R	P	G	O	T	Y	Q	Y
C	W	X	Q	D	X	Q	G	N	J	Q	C	W	N	Z	Y	Z
A	Q	T	L	E	N	L	Z	P	T	U	U	I	A	U	V	J
A	S	Y	E	K	N	O	M	Z	K	M	E	L	H	Q	E	G
X	Q	C	Z	R	L	L	U	K	J	Z	Z	D	P	E	B	K
T	Q	A	X	N	R	J	B	J	S	V	X	L	E	D	A	B
I	O	B	H	U	W	P	U	N	H	E	G	I	L	G	X	W
B	H	I	S	R	C	G	O	M	F	S	Y	F	E	V	T	W
C	A	N	U	G	K	I	K	N	J	C	Z	E	I	P	Z	G
B	F	H	B	T	L	E	S	D	L	A	G	E	N	N	B	L
E	I	I	H	P	M	F	K	O	X	E	Y	Q	A	V	J	O

Bush
Cabin
Elephant
Gazelle

Guide
Jeep
Jungle
Lions

Monkeys
Ranger
Trees
Wildlife

Positive Adjectives

Q	E	D	E	T	E	R	M	I	N	E	D	S	U	Y	T	L
E	E	V	D	N	T	T	S	I	N	C	E	R	E	M	T	T
N	T	T	B	P	Q	E	A	M	O	X	M	F	R	R	P	H
I	A	A	W	U	O	P	T	I	M	I	S	T	I	C	A	O
O	N	V	R	F	E	H	B	P	D	P	K	V	I	P	B	U
D	O	J	K	E	G	C	W	N	G	B	D	U	P	Q	Y	G
Q	I	W	T	C	D	N	J	C	H	L	C	Y	Z	E	M	H
C	T	W	R	T	L	I	I	H	I	J	C	H	P	E	A	T
R	C	S	S	C	Z	T	S	K	I	T	U	I	S	P	V	F
E	E	P	Q	N	F	G	S	N	R	V	E	O	G	V	K	U
A	F	A	M	L	Y	K	R	T	O	O	H	G	P	K	O	L
T	F	T	F	U	Q	E	W	R	U	C	W	F	R	R	X	K
I	A	I	B	R	I	L	L	I	A	N	T	D	P	E	L	Y
V	U	E	O	U	Q	J	K	A	O	M	J	E	R	N	N	Q
E	H	N	G	E	F	C	G	J	N	S	C	D	B	A	C	E
N	C	T	X	S	Y	I	R	V	F	D	S	U	P	D	H	O
I	H	R	X	T	P	U	G	H	K	U	Y	O	S	P	Z	J

Affectionate
Brilliant
Considerate
Creative
Determined
Energetic
Happy
Hardworking
Optimistic
Patient
Sincere
Thoughtful

The Empire State

W	D	V	U	O	C	N	D	B	S	Y	F	Z	X	G	L	A
Z	E	Y	N	I	Z	U	E	N	O	T	P	Q	C	W	W	Q
T	P	Y	V	H	M	M	V	W	Q	T	H	E	A	T	R	E
I	I	S	T	L	F	V	R	T	Y	G	G	P	L	C	P	G
M	Z	T	Z	C	R	O	W	D	S	O	B	T	C	A	D	A
E	Z	A	I	Z	B	H	H	R	X	S	R	N	D	P	I	E
S	A	T	K	L	J	S	J	G	I	V	O	K	C	T	B	B
S	P	U	G	B	C	A	R	G	R	F	V	V	E	T	J	D
Q	M	E	N	B	R	O	A	D	W	A	Y	N	N	M	G	X
U	G	Q	I	E	L	A	S	C	F	N	Y	Y	T	R	G	N
A	U	C	P	L	I	O	K	D	X	A	V	H	R	Z	P	U
R	U	I	P	O	B	F	W	L	W	Y	W	Y	A	X	L	F
E	E	N	O	T	E	R	S	B	Y	N	P	L	L	B	O	Q
C	E	H	H	J	R	O	U	G	R	U	F	D	P	C	K	U
X	I	K	S	J	T	S	J	X	U	X	K	W	A	J	J	T
L	O	V	X	B	Y	Y	M	Z	K	L	O	M	R	I	H	M
T	E	E	R	T	S	L	L	A	W	I	G	M	K	Y	B	J

Broadway
Central Park
Crowds
Liberty
New York
Pizza
Shopping
Statue
Subway
Theater
Times Square
Wall Street

Road Trip

G	H	N	A	T	R	U	C	K	S	Q	U	V	S	J	X	O
T	J	S	D	A	O	R	K	C	A	B	G	O	N	N	I	B
L	O	X	D	E	S	N	E	C	I	L	X	E	R	R	O	D
J	V	R	I	E	R	U	T	N	E	V	D	A	E	G	T	F
P	L	A	Y	L	I	S	T	Y	B	M	B	W	S	X	Q	F
S	X	L	H	A	J	B	O	C	R	V	D	M	T	Y	H	D
Z	H	G	B	Q	G	Y	U	P	I	W	R	H	A	B	H	J
G	X	J	G	I	V	R	E	Y	E	K	D	S	R	T	Y	E
D	V	E	V	S	Z	K	T	M	T	N	T	E	E	T	J	G
P	U	G	C	D	E	A	A	T	G	L	R	M	A	L	U	J
C	S	N	A	C	K	S	T	S	N	A	I	O	S	N	T	V
B	L	Z	N	J	M	X	S	P	Y	U	M	K	A	Y	A	U
E	K	O	T	T	U	G	R	A	R	L	H	E	O	D	B	B
M	W	R	T	V	S	N	E	M	L	V	D	P	S	T	K	Q
D	X	J	G	D	I	G	T	Q	Z	K	C	J	K	R	V	Z
E	B	I	Z	C	C	Y	N	E	L	B	X	A	K	Z	V	Q
D	V	S	F	O	W	E	I	O	H	N	B	D	P	B	X	K

Adventue
Back Roads
Games
Interstate
License
Maps
Music
Open Road
Playlist
Rest Areas
Snacks
Trucks

Weather

J	S	O	H	H	A	P	U	B	B	J	P	U	U	Z	Y	W
Z	N	F	U	E	W	O	L	L	L	Y	I	M	F	D	U	Y
M	B	M	Q	M	G	U	I	H	F	D	D	Y	F	C	E	T
Z	I	G	K	Q	I	Z	F	T	O	F	G	Y	N	N	U	S
D	M	U	C	L	Z	L	J	U	Z	A	K	L	O	Z	Y	H
U	B	J	B	A	O	Y	D	U	O	L	C	N	L	N	Z	W
J	R	Q	R	V	D	F	D	N	S	S	D	T	I	A	J	V
P	Y	D	D	U	W	D	Y	D	A	L	G	A	B	K	R	U
F	M	T	R	U	X	D	K	R	E	J	R	P	I	J	I	M
R	V	E	O	S	C	Y	C	L	O	N	E	J	Q	F	W	R
Y	T	F	U	I	H	O	N	O	N	T	Y	P	F	X	M	O
W	N	C	G	T	H	U	N	D	E	R	S	T	O	R	M	T
C	F	O	H	I	K	N	J	T	Y	P	H	O	O	N	O	S
Z	D	Q	T	Y	D	D	O	D	O	L	Z	V	P	V	E	L
Q	O	O	Z	R	J	G	P	V	M	M	K	M	R	Y	C	I
U	D	E	U	T	S	U	N	A	M	I	A	Z	J	P	U	A
R	I	X	H	U	R	R	I	C	A	N	E	B	W	Y	B	H

Blizzard
Cloudy
Cyclone
Drought
Hail Storm
Humid
Hurricane
Rainy
Sunny
Thunderstorm
Tsunami
Typhoon

Earth Day

C L I M A T E Z H R V A F M K J N
N O E J R H A L I T E T W G I I E
V G L E R G H O Z S R T F C M L A
H M F K T E V A M H E A T E A T C
W X X L J C C U B N L S E I H G O
Z U Z I S O W Y J E M W H P L G N
R P L A S T I C C G V P Z I R X S
E G S X N F N W N L O R Y X I G E
N E N K L H N G F M E V E P B E R
I W H P L A N T I N G N K S O T V
I O C O M P O S T N K E A E E R E
E S U E R P O L L U T I O N M R E
Z F T J S E Z U G T C E T O R P P
V L P A N G Q Q P T X B E C E L O
O Y S O N J Y G R E N E J Q A R Z
U J I V F M H W R E D U C E G P C
X J D E R E G N A D N E M I G X S

Climate
Compost
Conserve
Earth
Endangered

Energy
Litter
Planting
Plastic
Pollution

Preserve
Protect
Recycle
Reduce
Reuse

Football Season

```
G X H S T S O P L A O G V O Y B I
J V U C G N E Q R C R P M O K U C
A W D O G V L D L S L U U R Z X R
L O D N L E B S N F L N C E M N D
Y M L H E F M Q M U A T P L I B H
I B E P T F U W A L B N N K O F H
T Q P X E H F J F L T I V C C Z N
E B P X A P P N C R O F S A O S Y
M N F F M P T I T K O Q C T S V P
Y N O W Z T U O W E F U O B C G A
S M K Z F Z U Q I D Y W R D R H F
O N V Z D C V E G V K B E I I G P
U E C K H N R L K I L V K U M E R
K S B D J A E B V I Q V I G M E T
M C O U W S D C T N R T B Y A F I
D W I Y U R V Z L K P A S S G J F
N G O K V C O H P S T O Z U E W P
```

Blitz	Huddle	Score
End Zone	Kick	Scrimmage
Football	NFL	Tackle
Fumble	Pass	Team
Goalposts	Punt	Touchdown

Daily Movement

V D H B S E E P R U B X B T K C E
N Q I F S C I W A L K I N G B C J
M G K I T Z J I V Q M I H C I A T
T O U M A L H K L H D S E G N U L
X X N D U U U W N V R E A S Q J C
N G T F Q C W P K C D I E M O E E
Q Y U S S E L L Y F A C S G I L C
S M B U I J Z H X L E R G W S R N
F U H G R O H H H P L I D T F P A
G M H C C N D Q U B N A R I S U D
S T G X E D K S R G E E U J O K X
S E C K I V H T U R T O A H N I D
V L M Y M U D B O C F B Z A F C C
H R D O P M R B H F M Y L G N P V
L H W S G U I Y N U O P S Q W C R
T A Z W K C K B Z G Y J O U W M R
H I Z J S W X K A H E N Y N F M F

Aerobics
Burpees
Cardio
Dance
Jogging
Lunges
Plank
Push-ups
Squats
Stretch
Tai Chi
Walking
Weights
Yoga
Zumba

Arts & Crafts

M	O	P	O	T	T	E	R	Y	U	I	T	O	O	G	Y	N
U	B	J	G	C	A	R	D	M	A	K	I	N	G	N	C	B
D	F	H	Y	G	N	I	V	A	E	W	Y	C	G	I	A	B
A	G	G	E	G	N	I	V	R	A	C	D	O	O	W	L	G
W	V	V	V	K	N	I	T	T	I	N	G	D	V	E	L	S
M	N	T	M	G	N	I	T	L	I	U	Q	F	G	S	I	G
H	X	Z	N	K	I	X	Q	B	N	X	G	S	N	E	G	Y
L	L	L	O	Z	Z	D	O	Z	D	N	Y	Y	I	A	R	R
S	C	R	A	P	B	O	O	K	I	N	G	R	K	T	A	L
L	C	B	C	X	X	J	C	R	W	Y	S	E	A	Q	P	E
T	H	Z	B	D	W	Z	O	I	B	S	F	D	M	A	H	W
H	X	O	X	E	N	L	W	M	A	G	X	I	E	C	Y	E
T	H	S	O	K	O	W	M	Z	D	N	K	O	L	U	K	J
B	B	K	W	C	S	G	T	P	Q	V	N	R	D	O	M	R
N	E	N	G	R	A	V	I	N	G	V	N	B	N	Z	A	O
I	X	B	E	A	D	W	O	R	K	A	Q	M	A	R	E	Z
L	P	A	Z	U	T	P	M	V	L	R	A	E	C	A	C	O

Beadwork
Calligraphy
Candlemaking
Card Making
Coloring
Embroidery
Engraving
Jewelry
Knitting
Pottery
Quilting
Scrapbooking
Sewing
Weaving
Wood Carving

Hobbies

A P H O T O G R A P H Y E T Q J D
R F Q I Z P G A S M Q C F C O S C
P J M H G L W T M G Q V C U N B V
O C Z X P B F J X G O C R M W A Y
V B L D O A L H U B T N L P H S D
I M P J R I X X V N A G H V N L Q
B R L C W Y A D S L M P P I S S Y
G N I T N I A P I G A X G D N Q Y
G U I T A R E N K N G O N E Q D X
R E A D I N G N I I I Q I O E R N
H P N R E B H E N N C B H G S G Q
D W C T N F M A T E T X C A I N E
H D G N I K O O C D R O A M C I W
Q H S A T T T W S R I Q C E R W W
P C G N I H S I F A C Y O S E A V
A U D A I I M D L G K L E N X R J
E R I N U J P S E T S C G P E D A

Cooking	Fishing	Magic Tricks
Crafts	Gardening	Painting
Dance	Geocaching	Photography
Drawing	Guitar	Reading
Exercise	Journaling	Video Games

Getting Hungry!

E W Y X W W S R G Q E Z Y P D H G
L I A T K C O C P M I R H S I D A
Y N R E J M C V P Q Z W W X P U R
Y G Z A A C Y B H H D X E O A Y L
I S Z F M N Y E W P Y K R U N H I
P K C T Q A T R B E J U U K D A C
O T S D N Q L I C H E E S E C T B
T A G R R C F A P Y V F Q A H T R
A J H U M M U S C A V I G W I E E
T A S G X D K A J N S U P N P H A
O B A K E D B R I E G T F K S C D
S K T L C A K D R M H F O M U S P
K W S L L A B T A E M E T L G U O
I I C A D E V I L E D E G G S R S
N U I D L O X K O Q A J L A K B P
S V N K L Q S P I N A C H D I P O
B M U Q S E I R F H C N E R F I J

Antipasto
Baked Brie
Bruschetta
Calamari
Cheese
Deviled Eggs
Dip and Chips
French Fries
Garlic Bread
Hummus
Meatballs
Potato Skins
Shimp Cocktail
Spinich Dip
Wings

Around the World

O	M	D	B	G	F	H	F	G	E	T	H	I	O	P	I	A
I	P	U	M	A	L	T	O	B	D	A	S	X	H	A	Q	I
G	A	L	C	U	I	P	H	O	T	N	U	I	W	D	R	Z
I	J	D	A	Q	Z	Q	R	S	O	S	A	S	P	U	W	C
X	I	A	N	X	A	Q	U	E	A	T	B	L	T	J	L	T
V	O	Q	A	N	R	A	S	L	N	C	C	G	T	R	I	T
G	N	E	D	O	B	E	S	A	M	A	E	Q	I	O	I	J
D	X	D	A	E	M	O	I	W	A	R	W	T	G	T	C	A
P	K	B	M	M	H	A	A	P	M	F	A	U	E	Y	Q	S
J	E	S	A	Z	E	D	H	A	X	L	C	A	I	D	N	I
K	G	N	M	O	X	X	N	V	Y	H	K	N	L	F	G	D
Z	R	R	N	W	Z	Y	I	Z	S	T	R	T	G	R	B	P
O	I	A	E	P	B	N	L	C	U	P	L	M	D	A	L	H
Y	C	I	M	E	W	X	Y	R	O	D	N	R	H	N	V	K
L	A	C	R	N	C	O	K	Q	E	E	R	K	O	C	E	M
Z	W	V	J	S	E	E	C	P	J	F	G	H	W	E	Y	M
A	G	R	W	T	Y	D	W	M	G	A	D	Z	N	D	C	T

Austria
Brazil
Canada
Denmark
Ethiopa

France
Germany
Greece
India
Italy

Mexico
Russia
Scotland
Turkey
Wales

Backyard Games

T G V L A W N D A R T S O C C E R
N Z M P T Y U P R D J B E E B Q Z
U B O X M M F J V F L N O H G K A
H F O Q A I L K O D P I I C T Z Q
R R D E B O A L E Y H U L T C X C
E I I Q A E G F T Q P R T A M E L
G S J W D W F Q H L T W N K F S L
N B N X M D O H C T O C S P O H A
E E E K I X O L V J Q K L H O Z B
V E S S N F T T S Z V G K R B Z Y
A C O S T L B A Z A P A S E S F E
C R F O O O A B G I O E S J T O L
S O T T N G L D N W S A U B A W L
C Q B G I C L J P H V F A Z C E O
O U A N N S C W O V K M S S L P V
W E L I U I T E M N R N M W E H D
W T L R W D S W F X Y Y P X S I K

Badminton
Bocce
Croquet
Disc Golf
Flag Football
Frisbee
Hopscotch
Horseshoes
Lawn Darts
Obstacles
Ring Toss
Scavenger Hunt
Soccer
Softball
Volleyball

Red, White & Blue

Y	Q	S	S	E	R	G	N	O	C	Y	G	W	V	C	G	J
G	F	I	F	T	Y	S	T	A	T	E	S	K	B	O	I	M
N	J	Y	T	N	S	C	O	B	P	H	X	D	Q	N	B	F
K	S	Z	U	X	E	K	E	E	S	Z	X	Q	J	S	N	E
A	U	N	E	T	G	D	R	V	V	V	W	D	E	T	Z	P
J	M	N	E	G	G	O	S	O	K	O	D	R	C	I	A	B
R	Z	E	L	Z	I	U	U	K	W	T	B	H	E	T	M	I
I	A	X	R	U	I	X	F	D	F	E	L	N	R	U	A	L
C	R	P	J	I	O	T	U	M	B	O	R	I	S	T	T	L
S	X	C	W	X	C	S	I	O	Q	S	O	I	J	I	M	O
E	U	R	M	I	A	A	D	C	S	T	D	L	F	O	R	F
P	S	C	O	B	A	S	C	F	J	A	O	B	D	N	Y	R
I	V	I	D	K	S	T	H	G	I	R	L	I	V	I	C	I
R	G	B	E	M	O	R	W	O	I	S	B	H	W	E	L	G
T	E	Q	E	S	X	T	G	B	K	T	C	K	Y	K	I	H
S	N	L	R	J	O	K	K	V	D	G	I	Y	C	L	N	T
F	U	C	F	I	D	F	L	A	G	L	G	D	M	E	U	S

America
Bill of Rights
Citizen
Civil Rights
Congress
Constitution
Fifty States
Fireworks
Flag
Freedom
Patriot
Stars
Stripes
USA
Vote

Love at First Bite

S	W	I	S	S	R	O	L	L	B	I	H	J	X	H	W	M
N	L	R	S	R	T	A	R	T	C	I	G	A	Z	X	B	N
I	C	E	C	R	E	A	M	S	U	N	D	A	E	A	R	W
N	C	T	L	D	W	J	L	A	D	Y	F	I	N	G	E	R
G	Z	S	E	I	K	O	O	C	E	P	N	G	W	I	A	Q
A	L	S	M	S	Z	B	O	Y	A	B	E	Q	K	E	D	F
X	Y	T	B	O	A	L	D	L	A	L	Q	O	T	M	P	X
K	P	B	C	K	N	G	S	N	F	H	O	A	S	J	U	C
K	N	E	L	E	A	A	A	O	X	C	L	A	S	K	D	G
D	B	A	D	V	H	N	O	G	E	O	S	M	W	E	D	N
K	V	A	U	Z	A	D	W	N	C	E	X	Z	W	Y	I	I
A	S	O	R	S	C	L	U	O	I	W	H	R	E	L	N	D
Z	A	V	P	A	U	T	H	N	G	C	N	V	A	I	G	D
Q	X	L	K	K	R	C	W	V	T	D	A	E	G	M	C	U
X	I	E	I	O	Q	O	E	F	Y	P	U	K	X	E	V	P
T	Q	M	F	U	R	W	E	R	Y	S	D	P	E	U	W	N
M	G	V	T	B	X	P	L	J	J	D	C	O	M	T	H	E

Angel Food Cake
Baklava
Banana Split
Bread Pudding
Brownies

Cake
Chocolate
Cookies
Fortune Cookie
Ice Cream Sundae

Key Lime
Lady Finger
Pudding
Swiss Roll
Tart

Field Trip Day

V Z B R E T N E C E C N E I C S R
V Q D M X A W M A J Y R A R B I L
M U I R A T E N A L P H P A V N K
P B M U E S U M Y R O T S I H B H
Z U K Y R J Q M A M P U T C U P T
K R A P E R U T A N W O U R Z M M
R W Z I T U E M O H G N I S R U N
M I Y D L Q P M J C A K S G D U E
U L T F E N J M P L R U X M U D J
E D E O H S M U Q E M S N J F U P
S L B C S D R A H C R O E L P P A
U I Q H L W E R T A E H T V L C Z
M F T Q A I R Q H F A R M K P T Y
J E P W M M A Q U A R I U M C B N
Z Y Q F I R E S T A T I O N U H U
J L C D N C E G C G G Y X O O Z Q
Z A D R A L D N D P H S E P S N S

Animal Shelter
Apple Orchard
Aquarium
Farm
Fire Station
History Museum
Library
Museum
Nature Park
Nursing Home
Planetarium
Science Center
Theater
Wildlife
Zoo

Gone Fishing

V	W	F	W	V	S	I	A	J	B	Y	I	W	K	G	L	V
B	C	A	C	X	L	J	E	A	R	N	A	K	Q	W	P	Q
S	D	L	N	J	S	D	I	V	E	D	W	R	B	X	L	I
E	M	C	V	G	M	T	L	V	E	B	F	L	S	I	W	B
C	W	O	R	O	L	J	R	R	J	F	G	V	C	D	O	M
N	X	C	M	E	C	I	S	Z	L	V	F	E	P	C	I	F
E	I	L	F	V	T	W	N	O	N	P	N	N	D	A	O	P
I	M	K	J	L	B	A	A	G	J	S	V	F	A	S	J	R
T	R	O	D	D	N	T	W	H	E	Y	T	Y	S	T	R	C
A	P	I	K	X	W	Q	N	H	I	E	Q	J	Z	Y	H	Q
P	I	S	H	A	O	N	Z	E	S	C	L	U	O	I	P	W
Q	C	A	T	C	H	E	W	W	Y	E	D	H	J	E	W	G
Q	Y	P	P	S	S	X	L	N	A	M	R	E	H	S	I	F
Z	G	J	B	T	A	C	K	L	E	K	Q	F	P	G	F	U
Y	D	M	D	E	E	P	S	E	A	Y	X	U	G	F	R	W
R	E	L	E	A	S	E	S	F	O	M	R	G	V	Y	Q	W
K	I	C	X	V	L	W	L	U	R	E	C	D	U	M	F	E

Angling
Bait
Cast
Catch
Deep Sea

Fisherman
Float
Freshwater
License
Lure

Patience
Release
Rod
Tackle
Waders

Healthy Lifestyle

H	R	V	B	V	I	T	A	M	I	N	S	H	Y	K	J	R
P	Y	T	X	B	N	O	I	T	I	R	T	U	N	L	M	V
X	L	B	O	G	M	H	H	E	A	L	T	H	C	C	E	R
T	U	N	S	F	I	C	G	M	L	Q	W	K	C	R	P	D
G	V	D	C	D	D	F	P	R	R	Y	S	O	B	E	R	E
R	J	M	Y	I	M	X	D	V	C	P	T	F	B	L	O	O
A	V	E	G	E	T	A	B	L	E	S	I	H	P	A	T	R
T	D	D	L	F	F	I	T	N	E	S	S	L	L	X	E	G
I	Q	I	E	Y	C	R	T	E	R	L	X	T	I	A	I	A
T	I	T	N	L	Y	Q	K	H	D	W	Q	W	U	T	N	N
U	T	A	H	S	E	W	L	Z	L	S	Y	X	Z	I	N	I
D	N	T	R	X	P	Y	G	R	E	N	E	L	U	O	G	C
E	V	I	E	G	B	V	U	C	D	S	T	A	F	N	D	C
A	M	O	U	O	S	U	P	E	R	F	O	O	D	S	U	T
K	H	N	S	E	T	A	R	D	Y	H	O	B	R	A	C	M
X	Z	W	X	M	M	N	C	B	M	O	V	E	M	E	N	T
M	F	D	Z	O	X	J	E	Q	B	F	V	Q	V	V	P	G

Carbohydrates
Energy
Fats
Fitness
Gratitude

Health
Meditation
Movement
Nutrition
Organic

Protein
Relaxation
Superfoods
Vegetables
Vitamins

Self Care, Self Love

T	S	E	L	F	C	A	R	E	C	F	R	D	U	E	J	O
M	G	P	L	R	Y	T	E	Y	Y	M	V	C	N	U	F	K
G	X	D	J	E	S	I	C	R	E	X	E	X	O	W	U	L
I	C	W	P	E	W	Z	C	J	M	W	O	S	X	Q	F	A
V	G	A	R	M	A	N	I	C	U	R	E	U	Y	T	N	W
X	G	R	A	T	I	T	U	D	E	T	N	C	K	Q	Q	T
M	E	D	I	T	A	T	E	M	Q	P	X	H	Y	Q	U	X
V	M	T	W	S	B	U	B	B	L	E	B	A	T	H	W	A
D	T	Y	C	D	O	F	B	U	L	Y	X	K	K	X	O	I
Q	J	L	D	E	A	O	G	G	K	U	L	G	F	D	A	S
K	R	U	A	C	L	Y	L	R	J	O	Z	D	P	V	I	P
O	B	W	I	Y	D	F	Y	M	L	A	N	R	U	O	J	R
O	F	A	N	A	Y	H	E	F	Q	Z	P	I	C	D	P	I
C	L	C	Y	U	O	D	S	R	F	P	W	I	A	Z	N	Y
F	V	S	P	B	G	V	D	Z	S	F	X	E	C	X	O	P
Q	S	B	F	R	A	I	H	T	M	B	R	V	W	U	C	E
M	G	Z	K	P	T	R	E	B	A	O	X	K	W	V	F	F

Bubble Bath
Cook
Exercise
Facial
Gratitude
Journal
Manicure
Meditate
Read
Reflect
Rest
Self Care
Unplug
Walk
Yoga

Luck of the Irish

C	G	R	E	E	N	H	T	B	V	R	F	C	N	A	N	K
Z	Z	Q	S	P	T	N	I	A	S	N	E	G	P	Q	Q	C
W	M	W	O	B	N	I	A	R	E	L	J	A	D	O	V	O
K	W	R	S	D	J	U	Y	V	E	E	S	N	E	D	H	R
Q	P	E	R	L	Z	K	G	B	I	A	J	U	U	W	S	M
R	M	V	A	O	B	G	R	V	J	F	I	A	K	C	I	A
N	P	O	H	G	X	A	O	H	H	Z	H	H	L	F	R	H
D	U	L	F	O	T	L	C	M	T	I	B	C	K	R	I	S
P	N	C	I	E	Q	V	B	U	I	A	Q	E	W	I	H	R
F	B	C	I	T	L	E	C	T	J	D	B	R	V	V	S	K
M	P	A	T	R	I	C	K	M	E	D	P	P	J	Q	G	J
S	M	H	Q	D	I	O	A	D	L	O	Y	E	H	N	Z	M
T	O	D	A	S	Y	T	T	A	P	T	S	L	I	A	X	S
Y	M	M	A	U	F	S	R	O	D	L	Q	B	V	A	R	L
H	T	W	X	M	R	E	W	R	V	R	P	A	X	O	K	P
A	Y	U	Y	F	M	E	L	T	V	I	V	S	R	J	S	Y
C	W	M	F	E	E	N	U	T	R	O	F	D	O	O	G	U

Celebrate
Celtic
Clover
Emerald
Gold

Good Fortune
Green
Harp
Irish
Leprechaun

Patrick
Rainbow
Saint
Shamrock
St. Patty's

Nom Nom Nom

R	T	G	S	U	O	I	C	I	L	E	D	D	Z	J	F	V
Y	Z	I	Y	E	N	I	K	V	Q	Q	I	W	R	N	K	S
Y	D	L	H	E	L	L	C	S	U	Z	W	N	X	N	O	R
P	R	L	H	V	A	O	K	T	E	B	S	N	U	S	H	E
Y	H	O	Y	B	S	E	V	R	S	A	O	L	H	S	G	D
R	J	F	V	F	G	D	T	E	A	R	G	H	D	P	S	N
X	E	F	P	A	C	X	E	S	D	B	V	O	M	Q	P	E
K	I	K	S	G	S	D	E	S	I	E	G	M	K	U	M	T
N	S	U	O	T	B	B	W	E	L	C	O	E	C	U	M	N
Z	A	S	Q	O	Q	X	S	D	L	U	U	M	D	J	C	E
S	Z	B	G	E	C	G	H	J	A	E	R	A	L	K	D	K
Z	P	A	Q	Z	O	W	E	J	S	D	M	D	Q	P	G	C
D	I	B	G	B	O	W	O	P	U	M	E	E	U	X	Y	I
L	Z	E	O	G	K	W	L	L	I	H	T	E	M	I	E	H
U	Z	K	K	R	I	U	H	T	S	C	Q	K	T	G	L	C
O	A	O	B	W	N	T	F	Q	Y	W	E	U	V	X	W	R
X	Z	F	N	J	G	H	H	F	R	U	L	R	S	B	G	Y

Barbecue
Chicken Tenders
Cooking
Delicious
Desserts
Gourmet
Homemade
Kebabs
Pizza
Quesadillas
Recipe
Sausage
Savory
Slow Cooker
Sweet

Take Flight

F	N	O	U	S	S	V	C	C	G	K	O	K	F	F	F	W
Z	Q	N	E	P	S	I	M	A	G	U	U	I	K	S	D	Z
E	U	W	N	A	Q	Q	R	Z	J	F	C	T	J	H	R	U
Z	B	P	A	C	N	L	J	J	L	G	Z	E	W	O	O	Q
Q	E	Q	L	E	P	M	I	L	B	R	S	N	K	T	N	G
G	D	Q	P	S	B	U	F	U	O	X	L	P	K	A	E	H
W	H	P	O	H	Y	B	Y	C	D	V	S	A	B	I	E	E
B	E	D	G	U	T	K	K	O	C	O	L	A	C	R	N	L
T	W	N	R	T	O	E	K	O	R	C	O	E	P	B	A	I
O	G	U	A	T	T	H	M	Y	O	Q	A	I	X	A	L	C
Y	A	L	C	L	W	E	G	P	B	W	Q	G	A	L	P	O
Y	E	U	I	E	P	O	E	N	A	L	P	I	B	L	A	P
T	J	I	G	D	T	F	V	J	H	O	T	N	O	O	E	T
N	P	K	S	U	E	C	O	Z	T	E	J	Q	W	O	S	E
Q	L	Y	A	V	J	R	V	D	I	B	R	Y	H	N	C	R
D	X	H	R	O	C	H	A	N	G	G	L	I	D	E	R	B
Q	B	I	Y	P	S	T	L	R	K	B	H	V	G	U	X	S

Autogyros
Bi-Plane
Blimp
Cargo Plane
Drone

Glider
Hang Glider
Helicopter
Hot Air Balloon
Jet

Kite
Plane
Rocket
Sea Plane
Space Shuttle

Spice It Up!

T	B	Q	C	M	M	D	H	P	J	T	U	X	Z	O	N	E
A	G	C	C	O	D	A	X	V	M	V	B	R	U	E	O	X
N	P	I	X	M	L	K	R	D	G	C	Q	D	X	C	M	W
O	Y	R	F	A	B	E	J	J	S	D	A	U	U	G	A	Q
C	E	E	F	D	O	N	N	B	O	S	I	P	H	I	N	J
U	I	M	A	R	P	T	U	N	Z	R	A	T	F	N	N	J
R	I	R	F	A	B	N	O	T	E	A	A	G	T	G	I	H
R	M	U	E	C	G	X	W	F	M	F	R	M	E	E	C	Z
Y	N	T	I	X	P	G	H	Q	Q	E	S	A	S	R	D	P
A	Y	J	P	A	P	R	I	K	A	T	G	X	W	A	N	Y
K	M	D	U	F	U	T	O	Q	K	M	C	N	P	M	C	J
A	L	E	M	O	N	G	R	A	S	S	I	I	S	U	B	F
V	V	W	Y	M	N	O	P	U	R	Y	K	U	L	T	I	Z
D	E	D	O	A	D	D	K	J	F	I	M	K	W	R	O	P
V	E	E	X	B	Z	S	B	V	Q	X	I	S	F	Y	A	N
B	N	I	M	U	C	Z	Z	E	M	Y	H	T	E	W	N	G
M	W	O	N	A	G	E	R	O	O	H	X	E	J	Y	B	S

Cardamom
Cinnamon
Cumin
Curry
Fennel

Garlic
Ginger
Lemongrass
Marjoram
Nutmeg

Oregano
Paprika
Sage
Thyme
Turmeric

Time to Get Dressed!

R	A	Q	I	Z	M	O	U	V	L	A	R	Q	O	T	I	U
K	H	J	E	S	U	O	L	B	H	Q	H	H	W	S	N	N
X	O	C	M	L	N	J	D	Z	X	N	F	A	O	E	H	D
O	S	K	C	E	N	E	L	T	R	U	T	C	X	V	L	E
H	W	S	G	N	I	G	G	E	L	E	K	J	A	K	P	R
C	K	T	K	T	B	W	P	B	A	S	L	G	T	K	A	W
P	V	Z	C	Z	B	L	K	G	M	X	R	Z	F	K	N	E
O	S	K	Q	S	W	E	A	T	P	A	N	T	S	V	T	A
Q	S	K	I	R	T	F	X	Z	C	B	F	Z	J	Z	S	R
J	H	H	O	W	E	R	R	V	E	A	U	G	S	V	M	L
Z	J	E	T	L	V	T	E	A	W	R	Y	T	E	F	X	S
H	W	C	J	D	O	Q	S	T	C	H	Z	R	T	F	J	I
T	K	U	O	Q	J	F	T	C	A	S	B	E	M	V	M	H
C	S	T	R	O	H	S	M	C	T	E	K	T	D	H	J	R
O	J	V	H	E	U	X	W	G	L	C	W	F	A	U	F	B
P	Q	E	Y	H	G	W	N	T	A	Q	V	S	N	M	N	B
Z	T	C	Y	W	R	O	J	J	G	M	E	S	S	E	R	D

Belt
Blazer
Blouse
Dress
Jacket

Leggings
Pants
Scarf
Shorts
Skirt

Socks
Sweater
Sweatpants
Turtleneck
Underwear

Types of Fish

E M P Q K T U B I L A H M T M W F
X N C W S F P K J U U N R Q A D Z
B V I X T C V L S X G P M H H F L
F A W D G G E O B K N X O Q I E V
D K P M R T Q P H L I O Z N M A P
S P Y H A A Y M K D R U H D A Y H
S R E V Y M S Z L O R G I G H D R
G A K N G T K E S C E P G J I E N
A I E R F U M O P V H P V M P E C
T Y Z E O N B J Y M P I Z U V U S
I I W P J A U P E R C H O W G S S
J R L P I H O L I E B R C N X A A
B J S A M J K V G F G P H I L L B
A Z L N P V M T M C N V P K J M F
T U B S A I P A C M T R O U T O Z
S K H C Y G A B B J Q N B B K N V
J J F K J F L F L O U N D E R Y P

Bass
Cod
Flounder
Grouper
Halibut
Herring
Mahi Mahi
Perch
Salmon
Sardine
Snapper
Tilapia
Trout
Tuna
Wahoo

ANSWER KEY

Page 9

Construction Zone

Page 10

Hawaiian Adventures

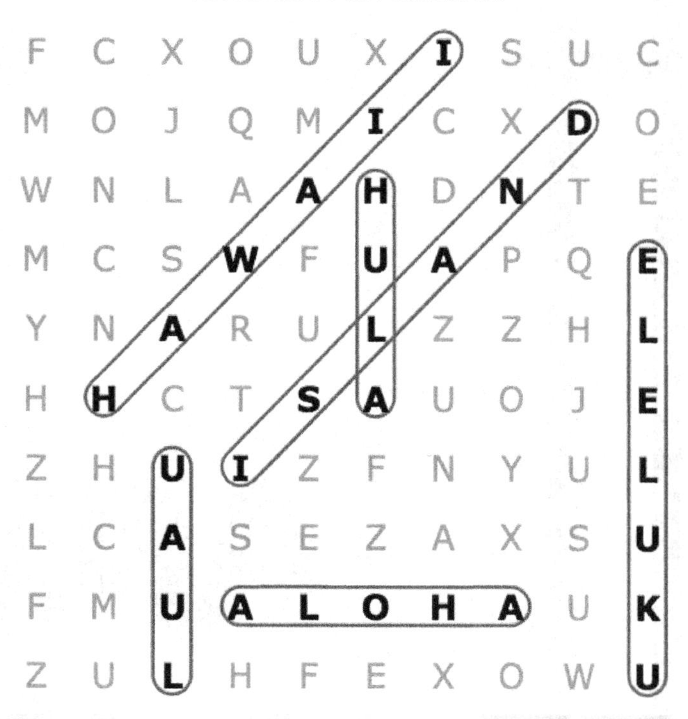

Page 11

Dinosaurs

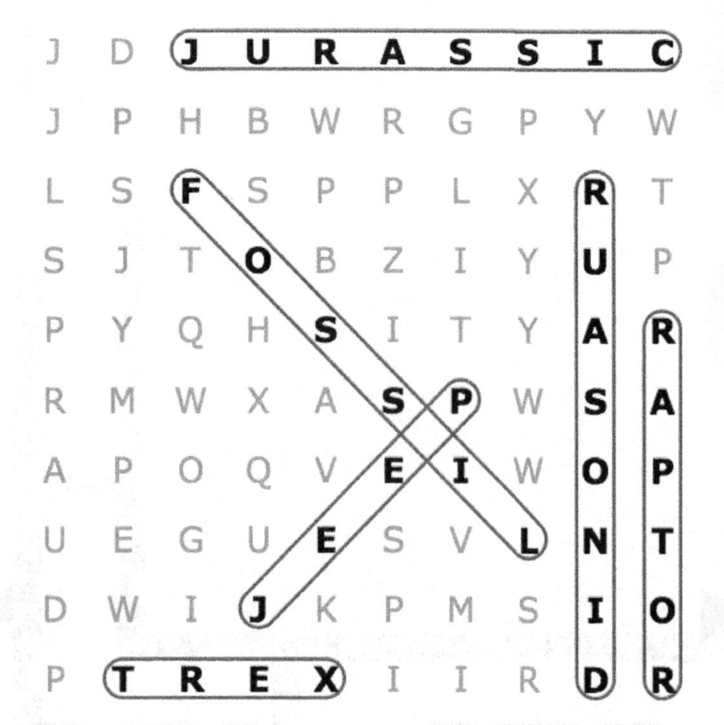

Page 12

Fast Food Frenzy

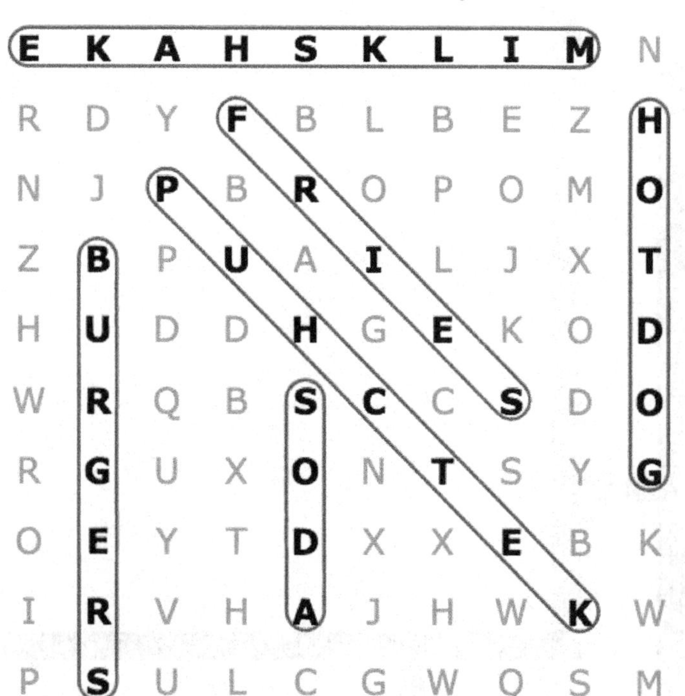

Page 13

Merry Christmas!

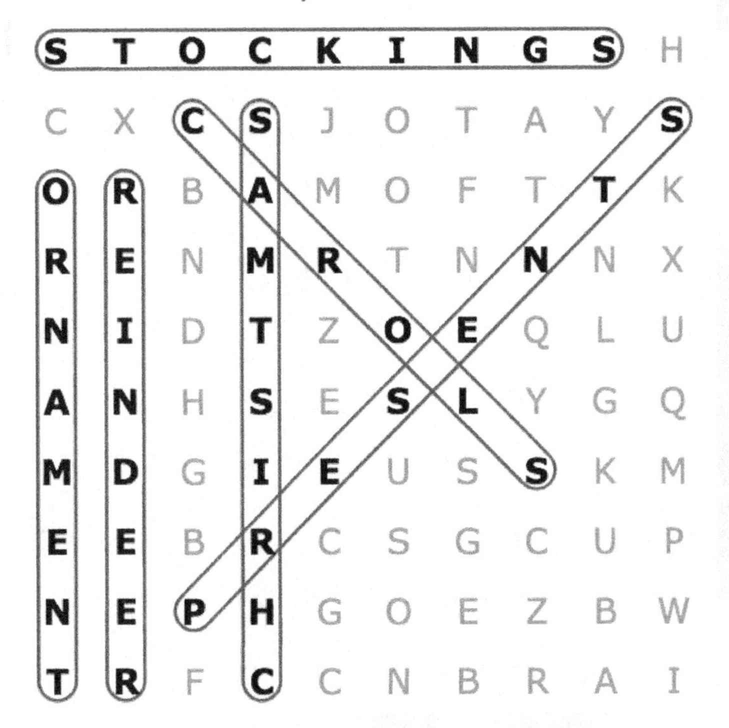

Page 14

I Scream for Ice Cream

Page 15

Hanging Seaside

Page 16

Cozy Night In

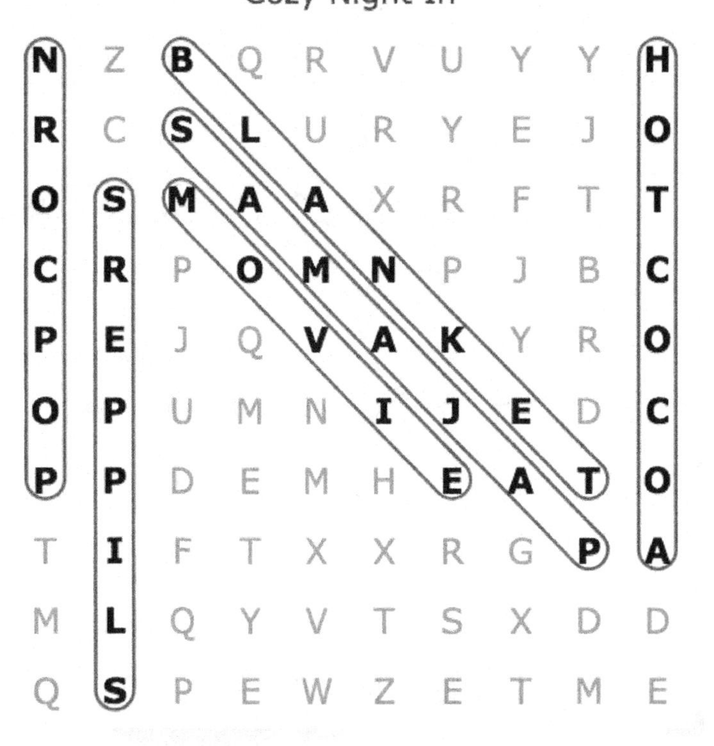

Page 17

Picnic Day

Page 18

Natural Disasters

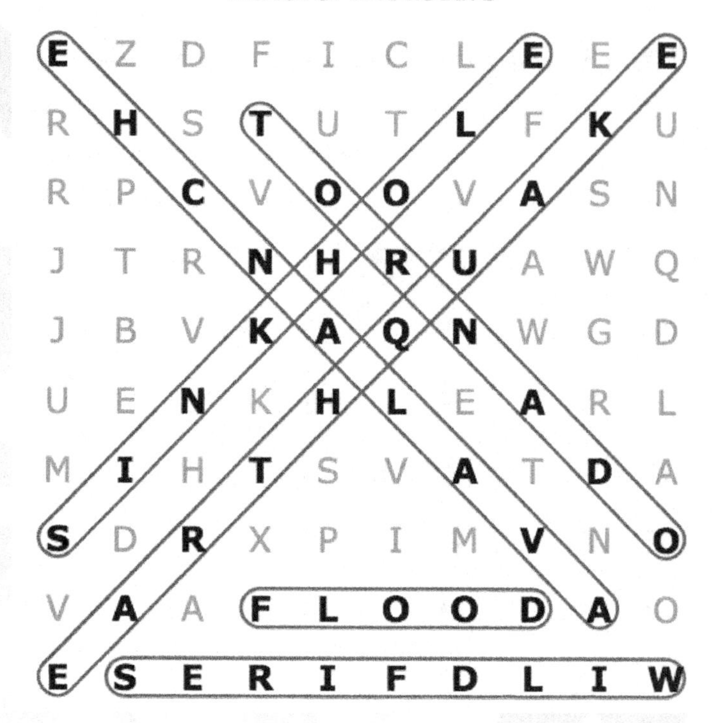

Page 19

Summer Olympics

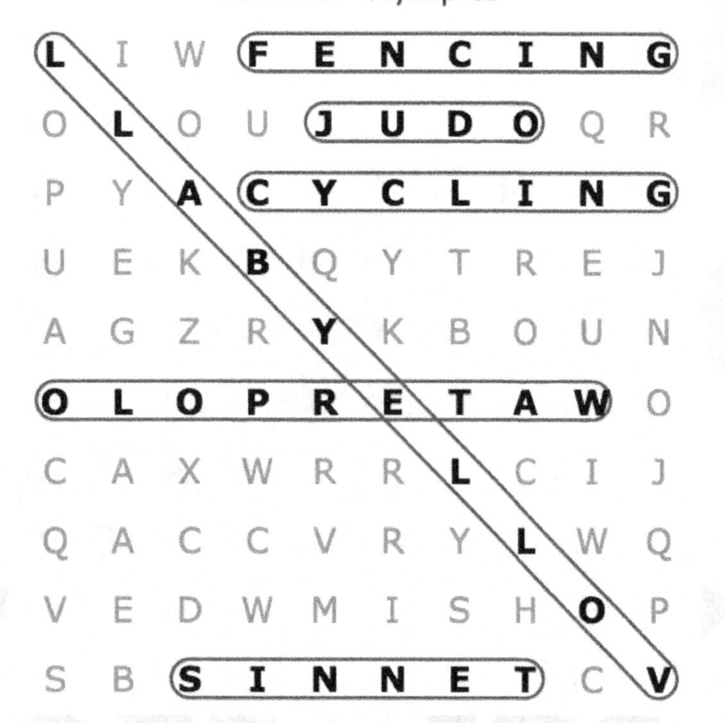

Page 20

Royal Kingdom

Page 21

Herb Garden

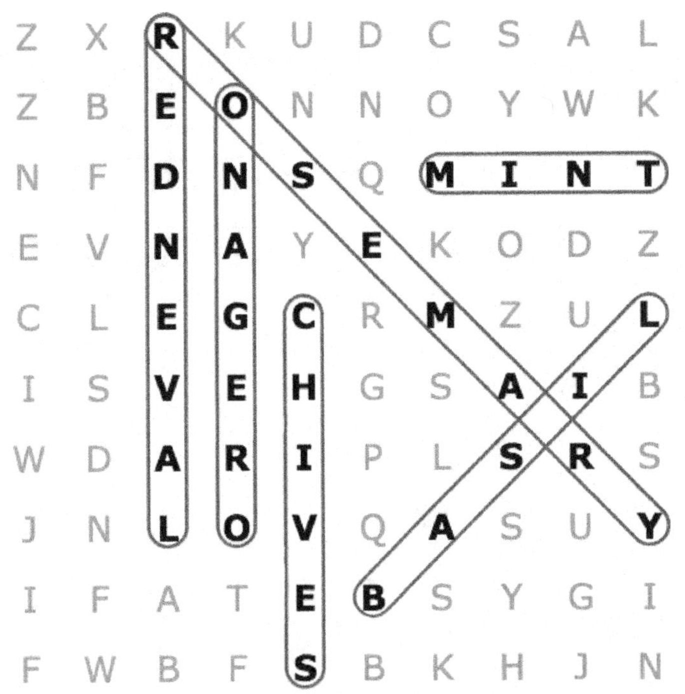

Page 22

Happy Birthday!

Page 23

Mother Nature

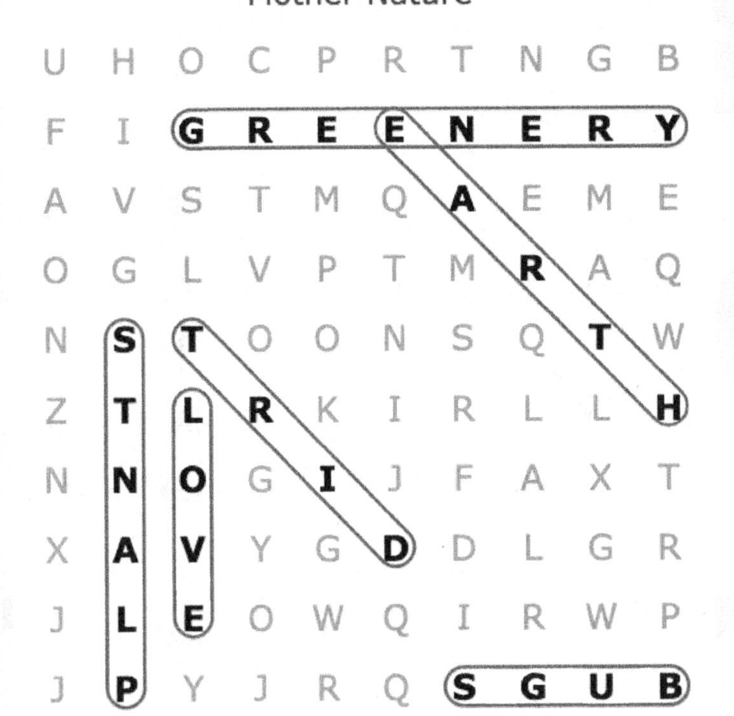

Page 24

Technology

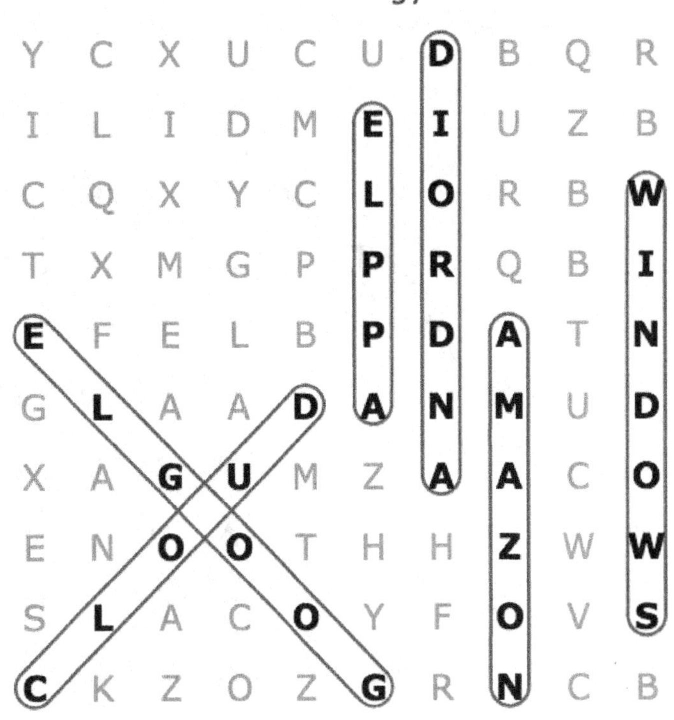

Page 25

Wild West

Page 26

Water Sports

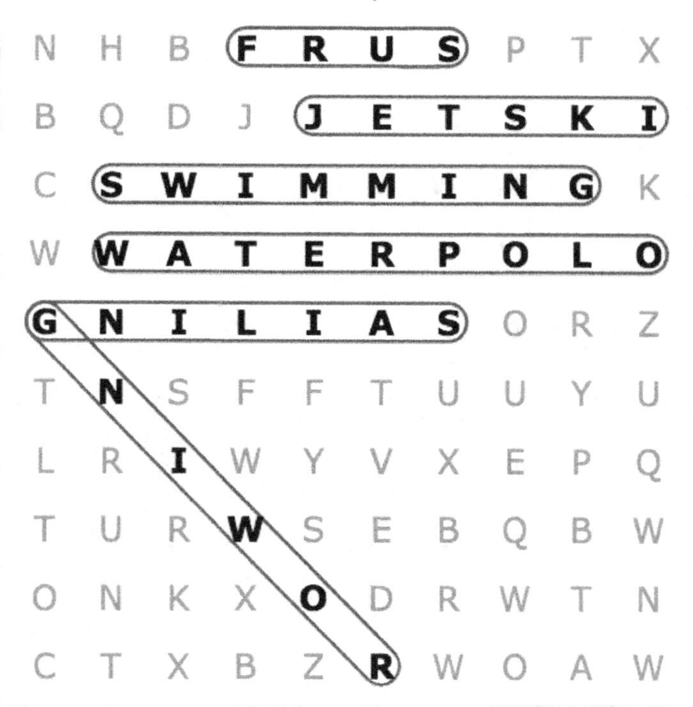

Page 27

Types of Juice

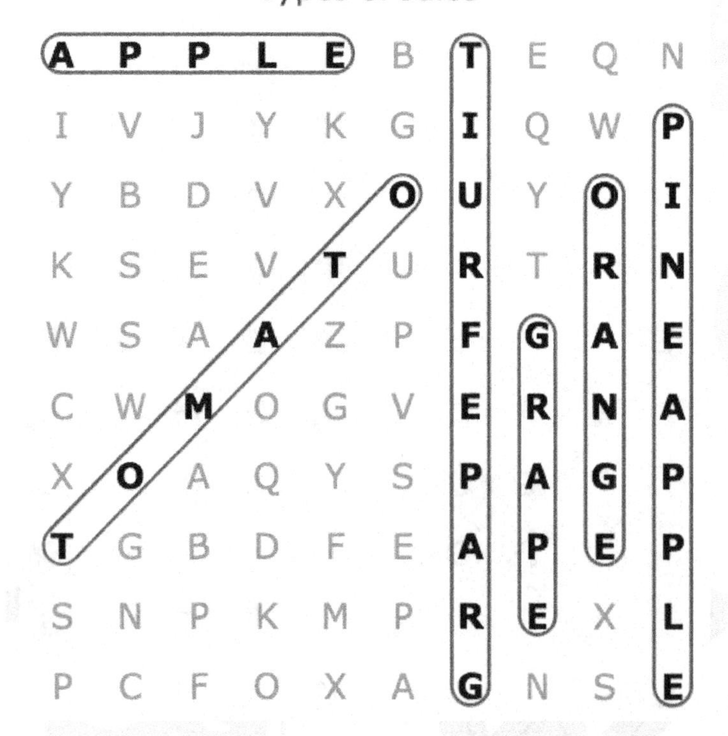

Page 28

Winter Olympics

Page 29

A Day at the Zoo

P M J Y N J W T Q M X T Q N M V Y
K X Z N I I G R C A Z H A Y K O U
D D L D T G U I J H M Z U A C S Q
J R M C Q Z J G W S W R L U F Z X
I T A A F D N N N X G S E A L J R
M P D P G Q Y T O E B V C K M R Q
O X G Y O O M G O J P Q H V D H A
K P I Q C E A I W A S J I B K Q M
Q Q B G W W L R B U V H M Z T L Z
P G B H I Q D A Z S O I P M N G B
V U O U H Q B F V A O W A O A I D
V G N X U E I F B I R F N C H G V
I E E A A S W E M W A N Z U P X T
Z V X R T U L J D T G A E I E W J
L O F X L C P C M L N F E M L G R
O E R W Y N Q V H G A D H Y E E W
E X J F N X I D Z L K M Q L S M T

Page 30

Life of a Bug

E D O F A R C R P S A J W Y D V R
T W M E U B I C E T B U K B R S M
H D H F E M L M M W B U C U O V K
N V C E E U K J R X I W R T F X M
Y E T K D Z A N O Z V A I T I O E
X L W N P S P V E E T Q C E S A S
E G H E P I Q P B T N M K R X T P
F S Y V T P N E D L L R E F S R K
Q J R Q J L M Q V G P R T L P C D
M L K O R Q Y V X D U W B Y I I L
S J T U S N U O Y P S E E T H B D
A E R A Y I M D Q G S E S P S B I
I H I D M N T O E H V A A X R A B
K S D A O W N N D U H I W G R Q G
M A W C Z H F X A C X C M G F F O
Y C O I M H Y H X M W O B B H A W
W H E C C M A Q X T G S P I D E R

Page 31

Color Palette

U S P B V Z Z D X J Z U T A N C T
U J D M A R O O N B I B N S F T W
I H A R T Z T I W T T W A D A J T
L Q G W O A O I Z G W B V N B G H
M A U Y O R B F V R R L Y E E X G
S N O E V L A S B Z J N B B J T I
S F D C E T L N T O R J L E S R N
G K A B R J D E G C T D U D V B D
T C O H B A W T Y E N A E O Y G I
F D N J S F H T P N L I G E A A M
E Z C O R V O C U O D V Z L T N M
O D Z R E D Z D R P W X U L K W R
J H P C F B F W P B D Z A C Z R B
B D X P I K J G L B I H H H J A F
H T W T Y R X R E I S W C U E S V
W I O E Y W F U V F B R P M Z H Q
A R N I G J H V A N P J W F J W P

Page 32

Fashion Week

C H W O H S M K W Q A P H M O V Q
D N U T I J O E E N W S B F T T Z
V O Z J N D C F T K H C U X S O I
Z I W A R G T L O C B O C I E B J
E H Y C E B N A R I C A L K Q K W
K S A P D B K W T S F Y Z A R P X
G A W Q O B H T E A T D I Y U D P
E F N I M H G O R S Z J L K I C Y
X T U R J T T G O E K G J E R E F
H Q R D E S I G N E R V N L K Y T
E V N I O A H I G K C X R B Z B O
F M C P R Q H A C V Y H N U D C J
F K D B L C Z X P X H N X M Y B C
T K R O Y W E N Q O H M Y Y B R T
H C Y R R I G B R X H R H P O C V
F E U V K Z S F U E G A Z G E O S
F I K I T E G A T N I V P W J Z J

Page 33

Pizza Party

O K V L B A E V Q G M C P L U C V
R T W G L U K D P P A A S H G B R
I H H G P N Q E Z Z V F A R H H G
R S I N O R E P P E P F U U C N D
B I C R P M E T J I U R S C A H H
D U W J L B P F C U E B A F N Q T
K A B A C O N H I C S Q G P I B E
X Y X W V H M A R E E Y E M P A L
E P U A K K R D S T E B R R S M W
L E J L D B M K Y P H R A A X T Y
P J P F I V O U V C C L N S J N Z
P F L E A S Q Z S I H A M C Z S V
A R W R L X A G E H A P H Y F J H
E N V V C A O B G B R U K O R H C
N H E J P K A W F R W O B N W R P
I F F H B X L O N B D F O W E Q Y
P C B K Y Z H C F H V C T M O E B

Page 34

Cup of Tea

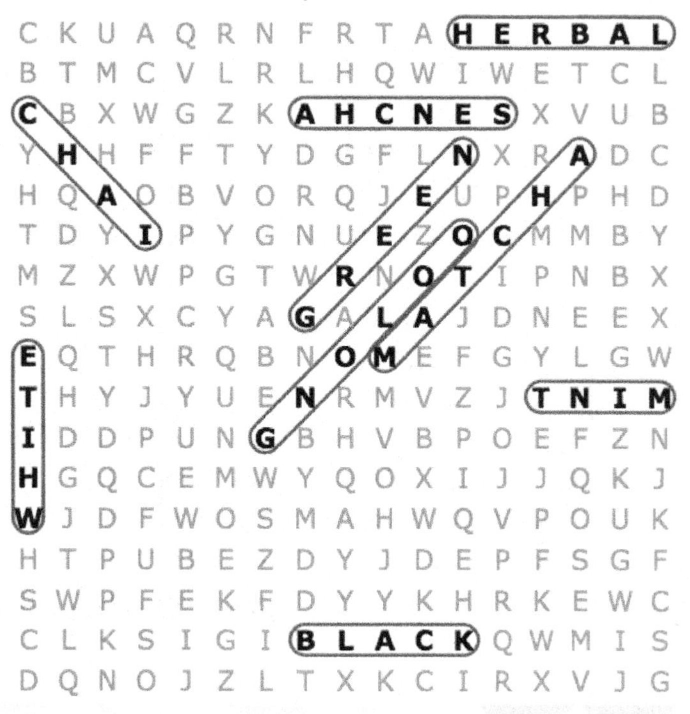

Page 35

Back to School

D S D K O M A A U E P T R M K Z Q
S S C D A Q G X F Q F V H E Y E S
X E O Y G Y S K N H W B H E H I L
O L L U N C H B O X P G K D G J W
X V U L B Q Y M F Q S O Z X V S L
L Q P J Y M L S J A O M A G Q K W
W Q B K Z T Q A D B J D P B T O T
U R S A Y U F V E N N R S R X O N
B E G Z C I N T T P E R Q E M B D
D Q G U U K O Q A H W I X F G R D
J T I R S N P M Y S W S R S V G J
F S K H O E Z A E K L B V F C A Y
Z V O I N Z A K C H H R P L D L I
J L K C N U S M T K T T C S Q R E
Q V I N I A C O M P U T E R D D M
Z L T P I I S R E K R A M I N D V
S A V U B J C D S X N M K H T C A

Page 36

Outdoor Activities

H F S X G U B Y D K H E R V K X L
R G R B P G Z N G Z R Z E I G H E
L L N D Y A A A H B Q M C Z T J Q
C M V S K T H D W K B L C I E J F
S A U I K E R C Z V L S O F C J K
Z B M N P Z I P T B F Q S K S G B
Z A O N P E J N I O L X I Z Q N A
G S N E G E P Y F A C C Y T W I G
A K K T L R Z Z P R K S Z Z C N T
N E E U H F W A G B M Z P L A N R
B T Y D K J W I A U L R K O U U B
Y B B S E P E L F W E N D H H R Z
M A A T U T L Z C H C M N M S R M
I L R W F F T P C E R O O N D J Q
E L S M K E B O C T W A S G D P X
Z H C V Q J N G N I B M I L C K O
E K O B Q X R Y Q Y U T L Y L H L

Page 37

Fortnite

Q R O C K E T W V E O L P D Y R G
Q X A G E S I W Y T Y O F N B Z E
N J G M X C Q P U Z A C X I B L V
T N S E G L X U J I T B O Q T J S
Q A F P L Z Z U A K X U M T K S S
F P C E S U P Y N D A P A O B C T
L L L T D N U E N W A B U J C F Y
R B J I I H J Y J G B B N I A R A
Q D Z N Q C X K H Q A K I Z D E P
P I H T D P A Q H A D L Q Q P M J
K E F R A V V L P Y L U M P U O B
B Z C O O S S P S H L P P R R T Z
N U I F S T M C G J J N Y U R E T
I U J C L Y G G Y H F E R D G A Y
P L Y U E L V D D C R F O D M H G
P Q M K L A U N C H E R U E F D S
G K V Q R O H P Z N A L R Y W C K

Page 38

Body Parts

U I K M M K P I F I N G E R S Z S
V A U K C O G K U I R R Z V T F V
M C V E D P L F U E V J S W I Z I
G J N I R X I E L B O W A K T H Y
L B D M T S V K X Z U I F Q U L A
P J X Q H I B Z X Z S E Q K O L A
P T G T F A A L A T J M O P K J L
T A V J S X F N K H T S Z T C X Y
T J V K R V K K E N H S K J E F C
C Q U C A L G T N G R I N R K K B
G W L L E Z K H I A M J E S Y L S
I T H I Y L V H X V A R E I N T J
Z T F X Y L T X Q J Y V V U C U R
I I Y X B R A B B A D H Q I F N N
O T C K M D Q A R E D L U O H S I
D K W X Y U L I N D F P G T B V S
J Z O E N J F A M F I H Z N I N R

Page 39

Superheroes

H U L K W C A N A M R E D I P S F
G J R U O D D X Z Q Z Q Z U C H U
W W Z I N F Z H Y H N A H Y U N U
D C I A D L Y C Y M A V W E D A C
K T L S E N D O L U C J S C C M P
B J E S R A D K Z B I P U I U T P
P I N C W M D Q H O R I W T G A R
Y Z I W O T E R H K E I R S P B T
C L G O M N A B T D M Y D U H H M
L P D Z A A B I D X A N C J O H Z
U J J U N Z R F Q G N U I R I C F
D Y N J J O J M L V I C U U H R T
Y Z N H N D H J S R A H G B B G K
R X T M U A A E H O T F F Y G K D
R W A M D L M C A W P Q Y U H E N
R N P P A S U P O M A C N Q L R B
C D X I Q F Q T F T C L P M J M N

Page 40

Shopping Spree

Y C U E D X V E P D B M C S I C V
V T E P Z B N T U T S O N K E G Y
N J P C O O R G H G X O T A B W Z
O Q V C N Z P W M E G K W F T V V
S Y M U B R S Q V T R B D S E G F
H R A A S Z N N Z Q Y A T F A I T
O A G W V M X C I O H L P G X H X
P S A V A Z F F A A S R E Y Q Y S
A Y Z L V I T W T G G W D U J P E
H J L K X B X G R L V R L X L E W
O Q R E H G I B E W X U A U B U X
L B G S R W Q R A A O S R B M L J
I Q Q K H Q P B T Y B G S O E W P
C N U A U H X K K V E O C B A L M
W C M R E T A I L R I W O P A W F
K B H X U J D P I I J W E L G P M
D I Z B K O B O U T I Q U E X K Y

Page 41

Family is Everything

H Q L E R A G Z F Q B S U B J W C

I V G V C W F U O P W T G L M H A

L T F I P W F I S E A N B Q F P E

B G C E H F V B T W K E K S A Z H

B B G B L P J G E J D R D A M U R

T K O Y N B Y S R X W A V B I A F

M I B W E P H T R I B P M B L S E

O T N C G U E A D O P T E D Y A W

L R P K N N T M C R W X E S I R P

P Y F J E K B H E S D D C G P K N

G U L R T S O N X U N C J Z R O J

Y V W O I I O M F E W A Q R F I J

Q H Q L V E V L T D K H Y F U Z U

F I U S Z E N X C T H Z N G D P J

S I Q I T F E D Y R K G M D A S Z

K A R I X S X U S N D Z U Q Q J N

R O P X O I T T G K V R Y N T F R

Page 42

Interesting Animals

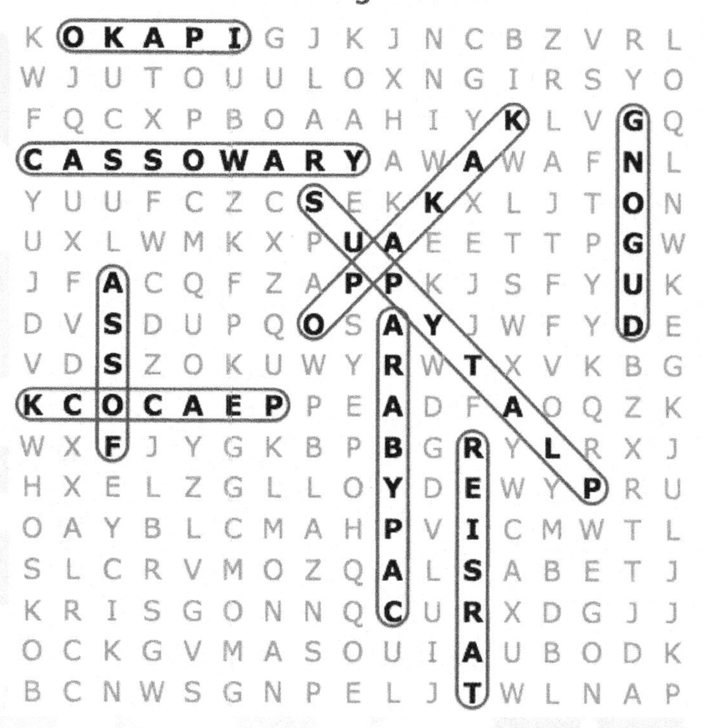

Page 43

Let's Set Sail

E H E Y A U I I C S O L M U Z X V

E T L B E P M W H T H P K U C Z C

U Z A W K X N J R K J N K V L G A

R Q G O B O W O B Z U U A C Q K I

N X L N B E P R D R Z Q K V J Z V

X C P V A F N V N V E M O S Q E B

C A W Y V C U W J O D U T T N K Q

G P U N P M S I W S S E O E H P R

C T N K O E Z L B L R S U T A O V

D A P C A T X I T N J B B I F Z S

N I H O X S K Y W D I G W O G I Q

L N I U C G T N S V N Q W D I Y U

N F C N W T A S E I E T G J S D U

C J L O Q E X J L G B Q E Z I N F

O K D U C U W I E K L W Q W S Z G

H C I O Q L A H B N Q N E M S X N

E S X L U S X Q V K V N M O L I U

Page 44

Rainforest

D B G D S J Z H O D H L W E S K F

G V S L T U J T E P B O N C Y Y T

J C P X M X N V N E S J V X F P L

T R O P I C A L Z O X G U G W S G

M M F N H A M X M T Z N H K T U E

N I A R A U U Z C C Z A O P V X P

M O J O F Y M O K K P C M T J H H

F Z I N X V Y I C R B Q S A J B T

T T P T T C R G D M M E Y X I M X

J U K U A T X C H E R S P N U S I

M Q D U D T Q G Y O O O J P N A Z

C A N O P Y E V F M T A T I B A H

I Y Z U Z K M G W P Z A I N H Z C

Z C Z I Q B P D E I N J U N G L E

J J P N J J O A C V Y B N U P T E

G L D I Z I K R X X M G G C M K R

W Q Y R Q W L B M M G C E Y A Q J

Page 45

Thanksgiving Feast

```
A T C I L Y S M S O L U K H Y N F
O C Y Z U C R A N B E R R Y M S P
A I H O I L C Z U F I W V A U R Q
F Y P S D X A N M D Q J X Y N X A
S D U S E M V T U R K E Y M X I K
S H M S M A R S H M A L L O W N C
W W P M C G V Y R D D E I G C L N
L O K L V C P M B F P Q S C L A Q
V Z I F B Q Q U A Q J E U H A Y F
F X N P P Y V P B N H Y Z T H J U
J R P Q A I P I G A X B L O J D C
U O Z M Y L N Y S Q H U P N L W U
V L S W E Y F D U J B I I U O R Y
F L Z S T U F F I N G A E B O Q R
I S U N S T Q M M V V V S I T F M
O P S H U J T A T C M Q H L W V L
F M D A U A W V D H O S Y F S O H
```

Page 46

The Universe is Magic

```
Y P Y N O W G Y I R K S V L I B F
X L W B J U S C A B E A K X G Y N
U A K T Q Y R J Q W F I U I R A U
G P T R N P N X B P Y D B K H T K
I Q N I K J D F L L D K T K U E K
T U K U B K F D X P I S L P M M M
W E Y N L E E T B A W F C I V O D
O Z X I A A W Z J Q Q X J S M C F
E V I V C C F H A X R S L B S A T
C G I E K V U C O O I I J L U W Z
F A S R H S U P E R N O V A K N P
F L V S O F S K Y S X W C P Y P G
T A K E L E W P E P A O X J U F E
V X A U E I N M L B S T E N A L P
O Y S B P Q E Q F M Z Y H X C R M
H Q N E C A P S O Z Y R N V M A G
C N Y A F J J S D X Y X E X W W C
```

Page 47

Spa Day

```
F B V I T E N X H Z G Z B U P O K
B L E G S G H X Q I P U W U D F I
V X R A B A K K Y N I R W A J C O
V C X M Y S A C S P S M S X Q D Y
C K C P M S I A J B Y E R M X Y B
S C O E Q A G O E O P B F A O Q B
H X U T G M D Z K X A B R N H M D
A L Z A K C Z O O W R F D I K N E
C A R R V V Q K M P W X X C D Y E
B Q O D U C S T E A M S S U K U W
V L G Y Z N P E M P U S D R L G A
J G F H H H O I Y W G O M E D K E
X U Y O O P L K S A U N A M W Y S
V A A R Y I Z Q D Z L H E M X K D
C V E G G V X F A C I A L F N J K
J P R K W H K I C O J G G S C L H
U I Y P P Z F M P E D I C U R E C
```

Page 48

Take a Hike

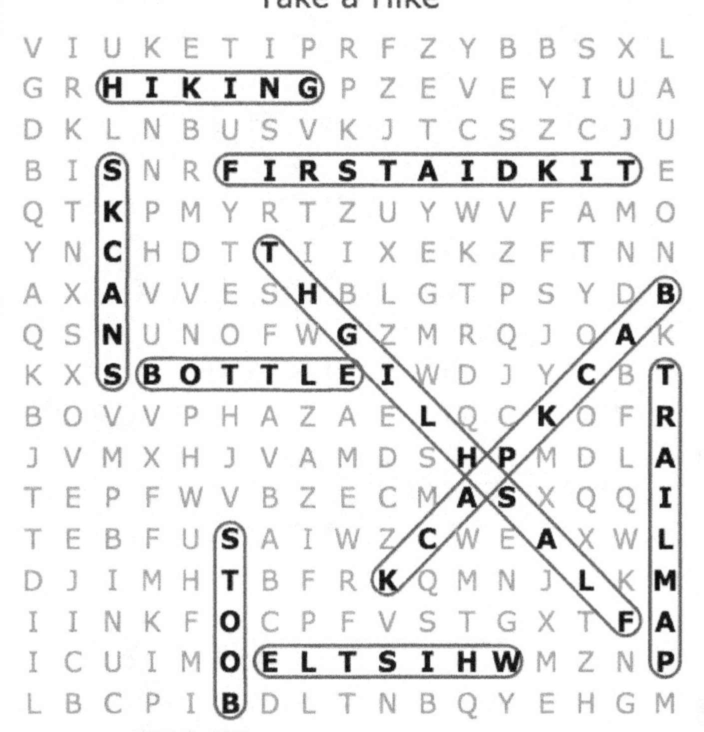

Page 49

Chilly Winter Nights

```
T Q E M G X B Y Z O C G H L R U E
C N K C Z D F I R E P L A C E K I
X H X F D Z L C T H M M R A S P P
D R R P Y A A F C H J O U Y I H J
S Q B U K X N H Q O T V D K C J F
W T X A X C N O I T M Z G U A R I
O H N W R F E T U T T Z D W J S C
L A E T E C L C K U A D C Q B Q S
L N T L T P J O H B L F M J A T H
A G A Y R C C C W E J A A Q E U I
M O L M O G P O S H C F M K R B G
H U O E F C Y A C F Y O N P U B I
S T C I M L X R S Q V A Z U K A F
R C O M O X Q S V I L W N O L X D
A B H R C Y P R E B S K O D B Q F
M Y C S O V C S D A T X J Y J C L
W C P W F Y E K W F D D S R I D S
```

Page 50

Household Plants

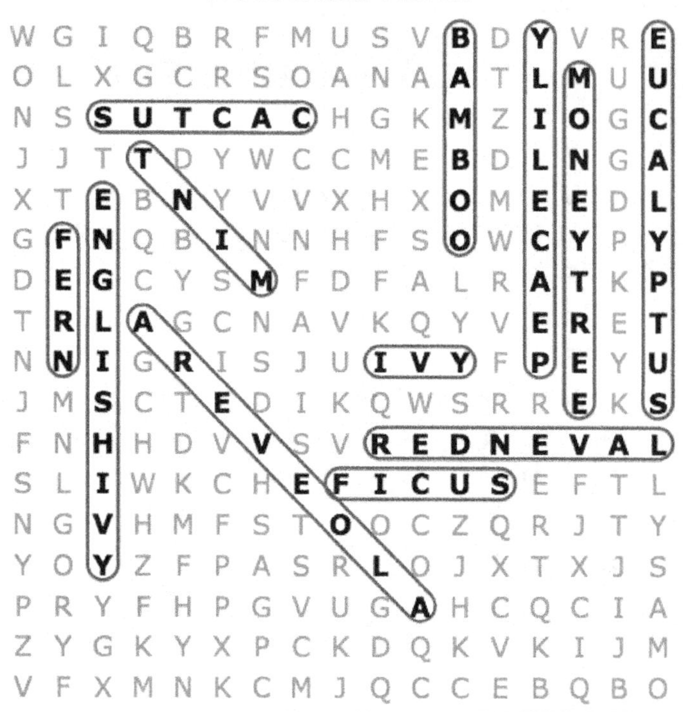

Page 51

Let's Get to Work!

```
M S L N N M E V I F N P R X S O N
E N A U K H O Q L Y S E A Z O L H
M B P T L K V O O Q N L C S T K V
O C T P S R I M S T X O K I Q S N
R P O A K O E M R O Q R G W R J S
I P P I G W V A B B X P J M A P K
Z K L T N E P C O M P U T E R W M
E M Z O M M A V X H L V P P V S U
Q V T B R O F G D E A D L I N E H
D E Z V F H L O O E Y S T U D Y A
S Q R D O S R S T W K U Z E V R N
S D R A C X E D N I O Y S I W E M
Q A M M B T F A R D H G U O R A P
M D E G R C C N X D P V G Z X H Y
Y E H C P Z S L O Q A I C E A W Y
O A S V U E T G Y R E T A W Q H E
Q S H N V X F Y P W H Q K D S Y Q
```

Page 52

Florida State of Mind

```
P C W H R F L M A X D Y Q L B D P
P G I C L M N Y P V X R E L A X S
L O C M S U A Q K O D N A L R O P
A U V F M I Y J L N I I S Q P D R
N K P I K Z D B Y P N V W T T T N
K Y A F A H T P W I E S A N Q O T
N M T B O A C J W E A K T P X U L
I Q G B J C Y A N R T X B G S J S
D E J H K Y B A E W F U O Q X N U
T Z R N U B P B B B G X P Q Q I N
Z M G P F L S I E P K B R L W M S
B Q Z O E D M A N A T E E M S M H
X Y S S T V U P S A Y E L I V D I
Z Q Q J L L J F L O R I D A L G N
P C P Y S E D A L G R E V E Y C E
Z R E S O R T S O P Q W U O K L B
N M A Y Z S S P R I N G B R E A K
```

Page 53

Canada, Eh!

G	O	L	A	O	G	H	Q	P	G	Q	S	M	I	S	T	P
W	A	V	E	U	U	E	H	R	M	A	L	S	X	Y	G	L
F	U	Y	F	P	A	B	M	O	K	E	T	C	M	R	L	L
H	Y	Z	I	H	P	P	U	V	A	W	X	N	H	U	A	M
Y	F	E	L	A	M	N	V	I	Y	C	Z	Z	T	P	E	F
G	E	R	D	X	T	G	R	N	M	W	F	C	J	U	R	Z
N	Q	X	L	A	Y	D	Q	C	X	P	A	F	M	C	T	Y
M	C	F	I	P	O	O	U	E	P	N	A	E	E	G	N	Y
G	O	N	W	N	B	Z	E	S	O	K	L	A	L	U	O	S
P	S	G	M	A	S	S	B	E	Z	S	B	X	W	C	M	P
H	T	U	X	I	W	H	E	X	C	N	E	X	U	V	C	T
C	Y	A	M	D	M	H	C	H	D	H	R	J	F	I	D	T
R	S	W	D	A	M	I	U	R	S	S	T	G	X	N	Z	S
M	G	O	Z	N	V	Y	X	I	X	T	A	D	A	N	E	G
B	W	T	F	A	E	L	E	L	P	A	M	C	A	K	R	H
Q	Z	T	X	C	G	Y	Z	N	B	Z	B	N	A	W	Z	M
S	M	O	Z	N	E	Y	G	E	F	J	Y	L	Q	V	J	R

Page 54

Netflix & Chill

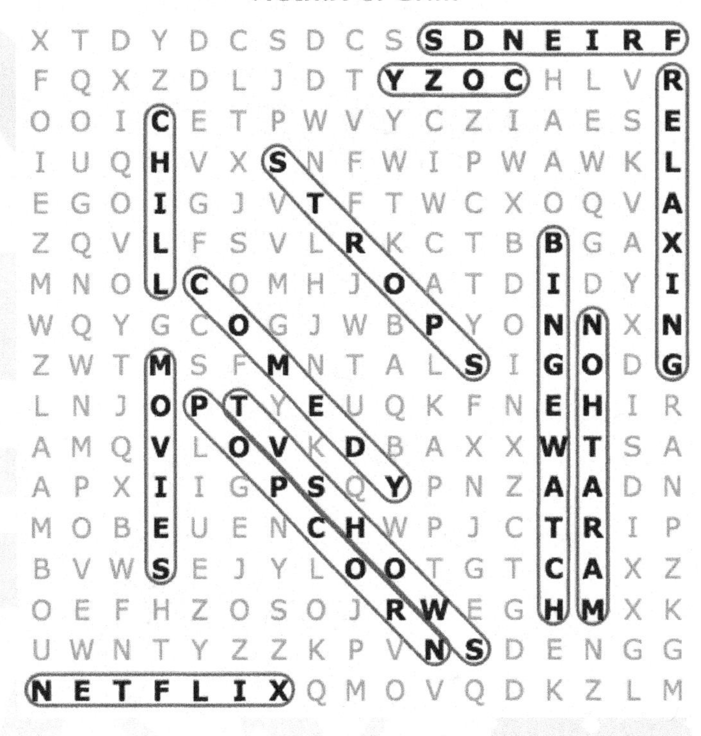

Page 55

Future Me will be...

O	U	T	M	L	J	B	A	N	K	E	R	G	X	U	S	Z
W	Z	C	P	Q	I	J	U	Q	I	I	D	H	V	M	K	R
V	F	E	S	P	M	W	Q	P	U	P	M	F	Y	T	L	U
H	I	T	U	U	J	O	U	R	N	A	L	I	S	T	V	E
K	A	I	Y	Z	K	E	L	J	O	I	Y	N	Y	S	F	N
I	C	H	R	I	A	K	T	E	E	G	T	S	U	C	I	E
E	C	C	A	G	M	Q	X	N	Z	H	G	P	L	V	C	R
C	O	R	T	V	E	M	P	S	E	E	X	I	B	L	T	P
E	U	A	I	I	R	U	T	R	O	D	V	C	Z	P	N	E
P	N	F	L	Q	W	Y	A	L	H	Z	I	H	Z	R	U	R
Y	T	Q	I	M	M	P	O	C	B	W	Z	S	C	V	R	T
Q	A	Q	M	N	I	G	N	B	L	A	W	Y	E	R	S	N
E	N	L	V	S	I	G	T	Z	B	Q	Q	K	H	R	E	E
P	T	B	T	S	Z	X	D	G	W	M	K	Z	F	O	P	N
K	X	G	T	O	C	B	B	L	L	D	H	M	E	M	E	T
H	E	H	O	D	B	U	E	R	F	K	U	M	H	H	R	I
K	E	G	D	Z	K	M	O	G	Q	Q	V	S	C	W	E	U

Page 56

All About Africa

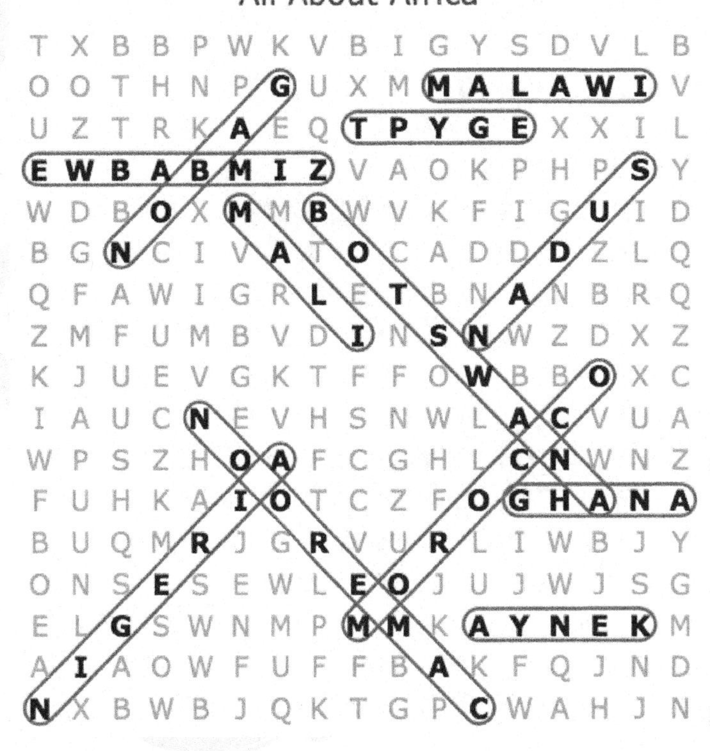

Page 57

Hot Summer Nights

```
A C U J R U R L P I L Y K Q B M E
S Z V Y L L C V O Z M E Q T M X J
D L Y M F R I E N D S F E D O X U
J M E T V S O T I U Q S O M V J C
W O R B A B P N M Y U P C K E A S
M O I V W O C R I C K E T S N W T
U N F A L L E N O R T I C D M V E
F L N Z G Y M Z V S B K L Y T O L
B I O K U S W H S A T E G V C T W
N G B O D M N A C E S A N S F K B
D H R E B P H K D L I D R C R M Z
A T X O L E Y U Q I Z L V S G O W
A Y M H F A O D P G S I F F J C G
V G T L R Q W R O U W A Y E D R R
E J G D L V T E P O O L P A R T Y
V U S G L X U J I B T C H V P I K
R N I J L L G G N I L L I R G E F
```

Page 58

Candle Scents

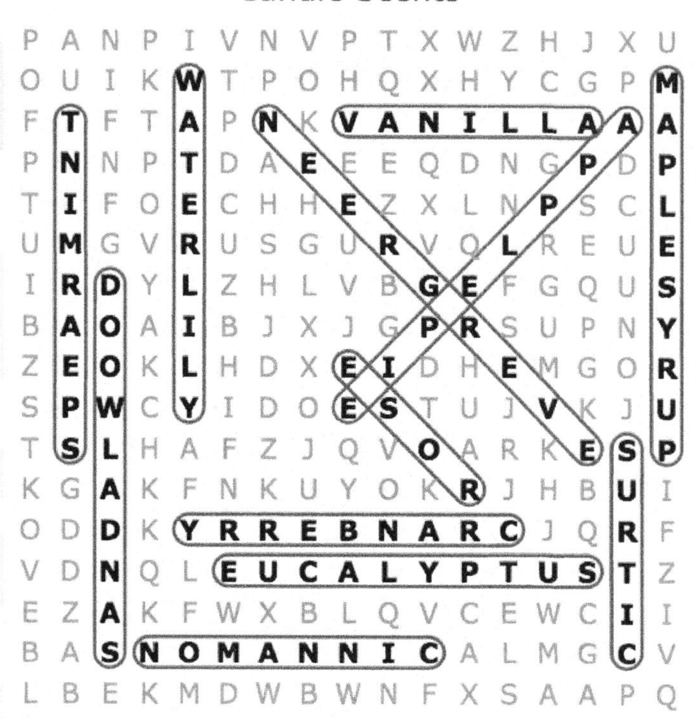

Page 59

Slumber Party Must Haves

```
N G X W O A C X O I W D W B J U S
Q S T N R O C P O P G E B U D T X
J L I L K U H F L R L E S Y V J R
O E S R I D N L S W P E L B H S N
Y E M P S E M A G S T U S X M M M
B P Y T L U B P C A C X E S C U A
Y I I O I A K R L T U U X T S Z Y
V N R A S E B O R D H F S I H H F
S G Q R K Z C Q L F S E C S S J P
B B M N S O X E C Y I P X I Y O M
D A A B H R Y C T V A R L M E N F
Q G B C J E A W O J Q O N U D U X
E U H Z M S D M A D P L O U H F E
F F N A L P U M S L H B N B M R X
K I S P N T A D I P I L L O W S G
R K H K P S N A L D K B J B Q G G
T P F R I E N D S X W Z X L J K P
```

Page 60

How do you feel today?

```
Q S B I H R G I W L D H X E F C F
L L Z Q R P M Z Q E G K Z P R Q L
T H Q M A S H M T M O O D Y Q E C
X C J M C L U A T H F Y B K L B W
L T P B G J L O D D Q O E I X S J
J M D R O E Y K V O U L O L Y A C
L M Z E G A M Z N R T P C A F F A
P O M O R Q F Z A V E I B P V W L
E J C P Z E E G C Q G N X E N A M
A O S O C S S U J Y L G N S A B L
C Y E G N V T E U Q I X Y J I T A
E F R V W T D X R N N D S O R R Z
F U E L Z P E R X V X Y E I X N J
U L N U X I E N W T E Y Y K E Q Z
L E E J N O O K T V G D E T H J S
Y D Q I E M A D L Z X Q I W X J O
W J X I U C E C S T A T I C L M O
```

Page 61

Aloha, Hawaii

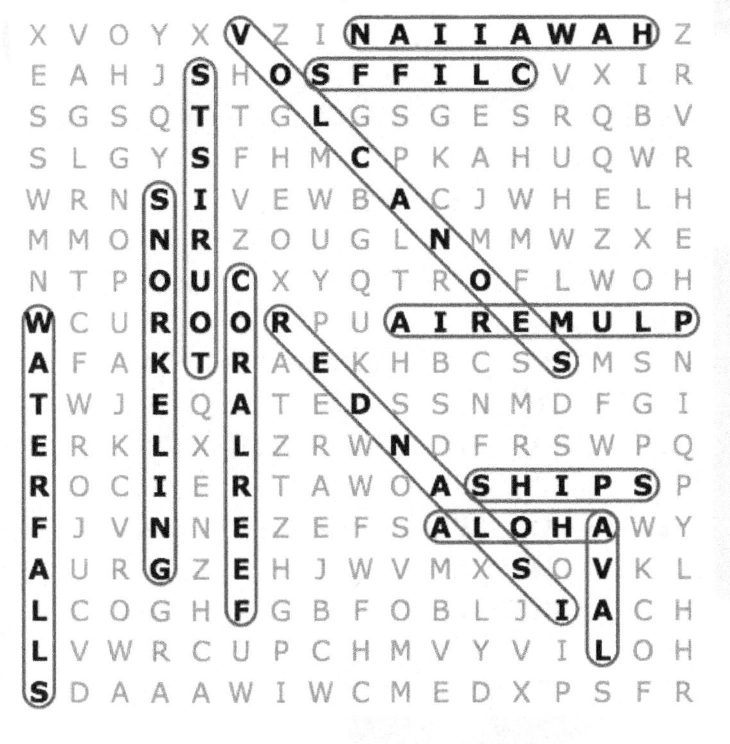

Page 62

Food Favorites

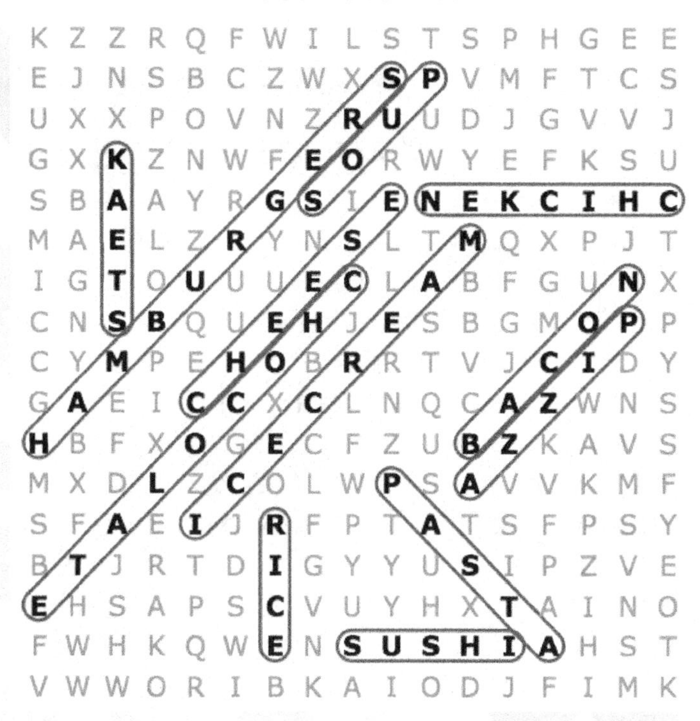

Page 63

Gemstones & Crystals

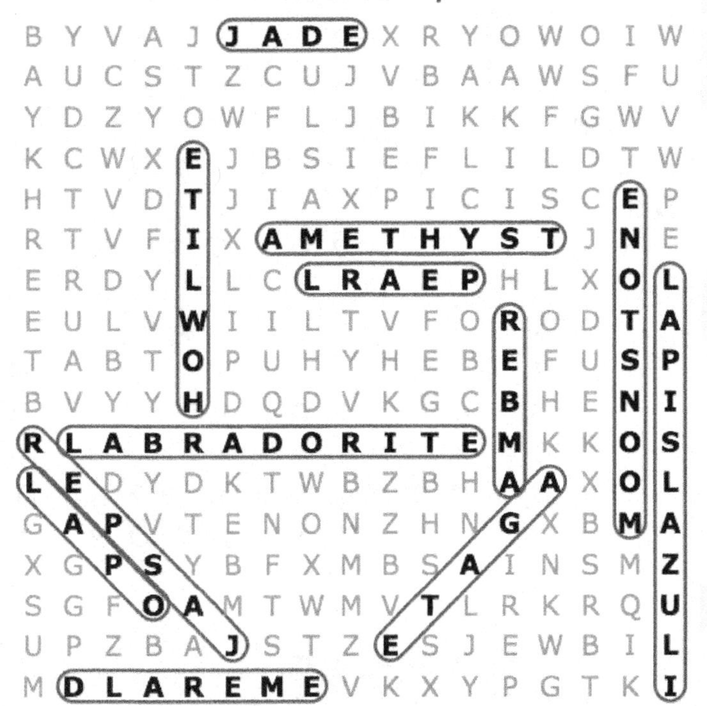

Page 64

Safari Trip

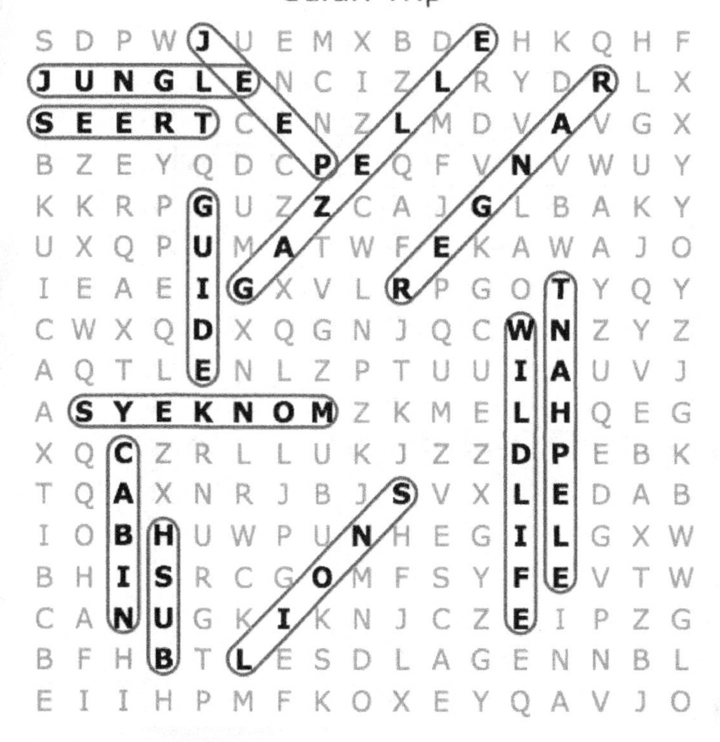

Page 65

Positive Adjectives

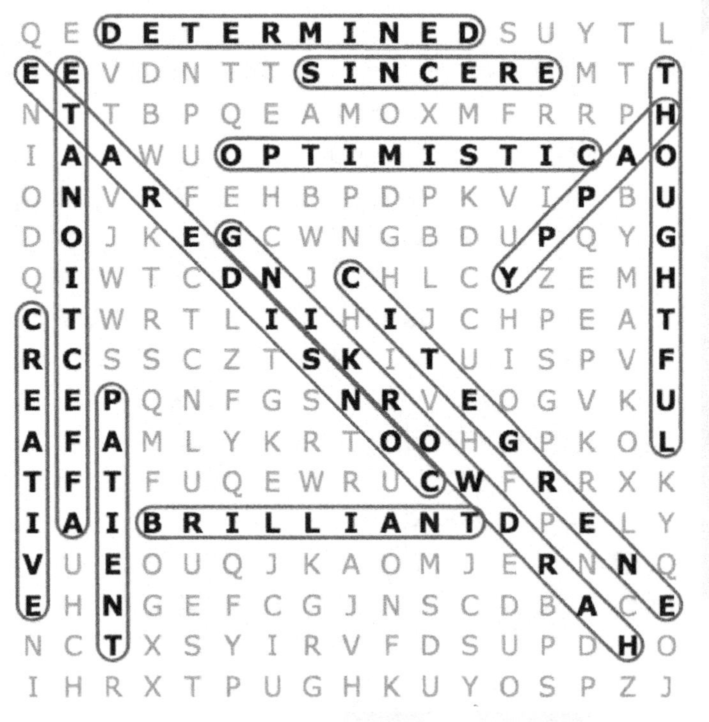

Page 66

The Empire State

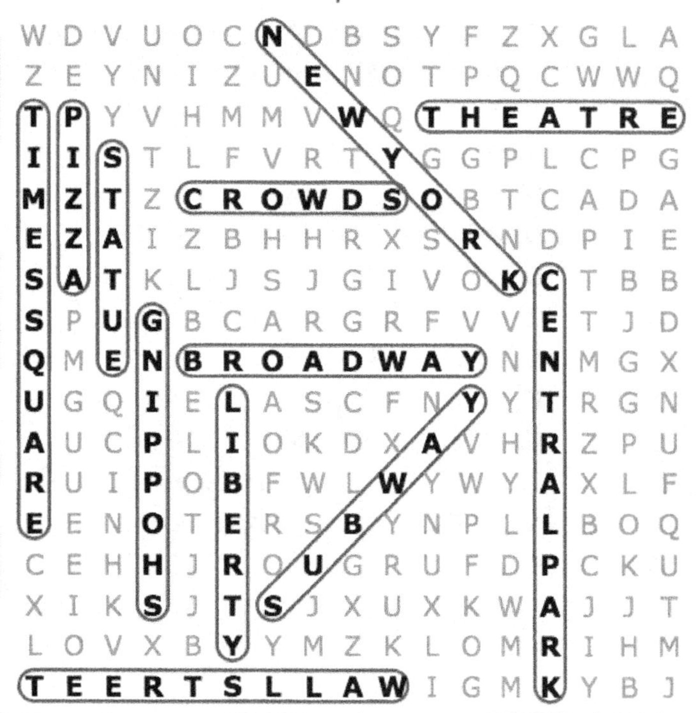

Page 67

Road Trip

G H N A T R U C K S Q U V S J X O
T J S D A O R K C A B G O N N I B
L O X D E S N E C I L X E R R O D
J V R I E R U T N E V D A E G T F
P L A Y L I S T Y B M B W S X Q F
S X L H A J B O C R V D M T Y H D
Z H G B Q G Y U P I W R H A B H J
G X J G I V R E Y E K D S R T Y E
D V E V S Z K T M T N T E E T J G
P U G C D E A A T G L R M A L U J
C S N A C K S T S N A I O S N T V
B L Z N J M X S P Y U M K A Y A U
E K O T T U G R A R L H E O D B B
M W R T V S N E M L V D P S T K Q
D X J G D I G T Q Z K C J K R V Z
E B I Z C C Y N E L B X A K Z V Q
D V S F O W E I O H N B D P B X K

Page 68

Weather

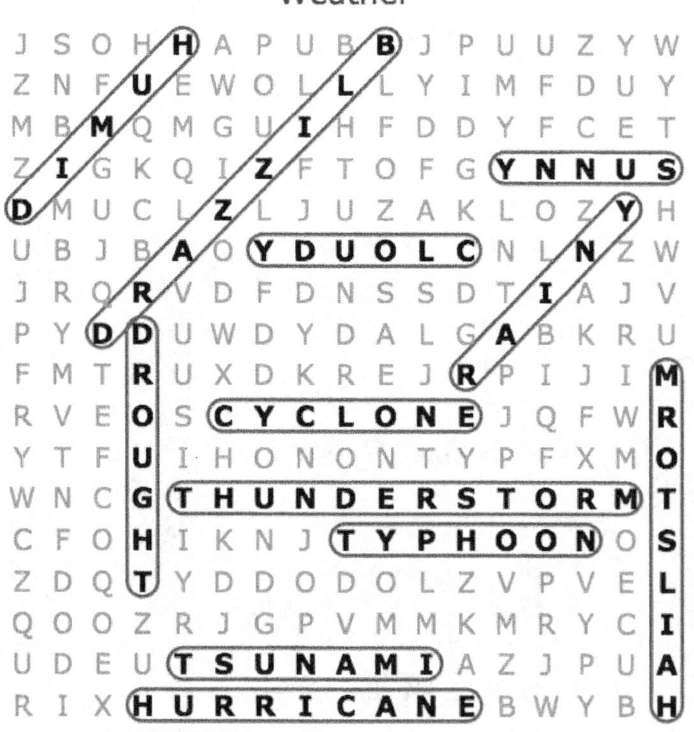

Page 69

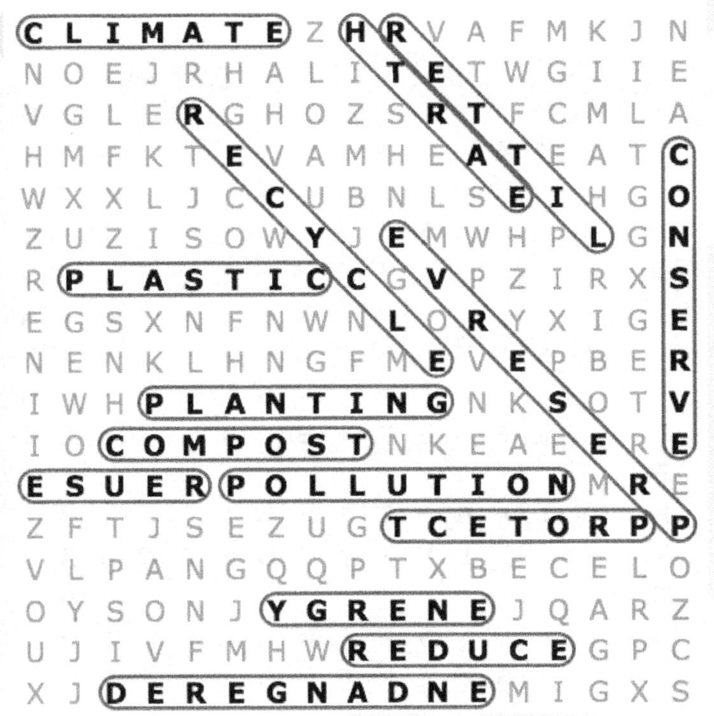

Page 70

Page 71

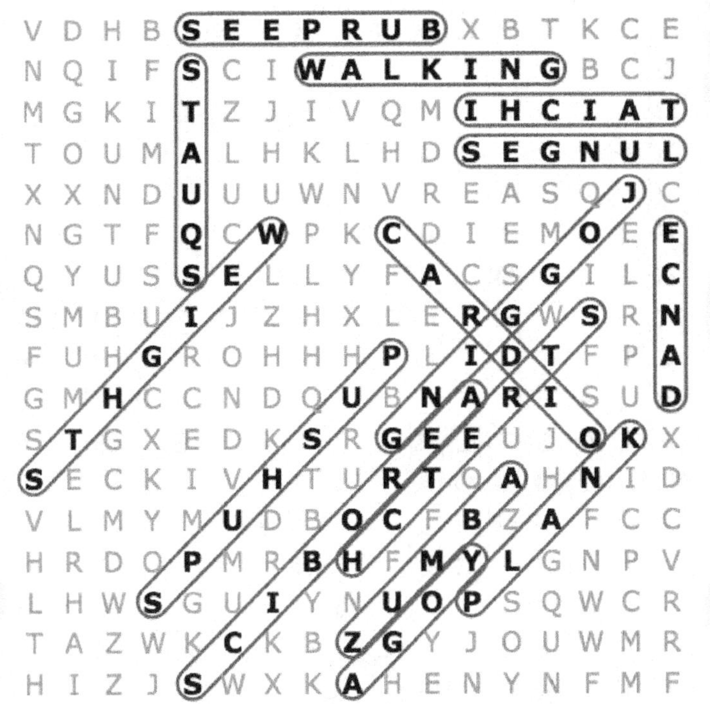

Page 72

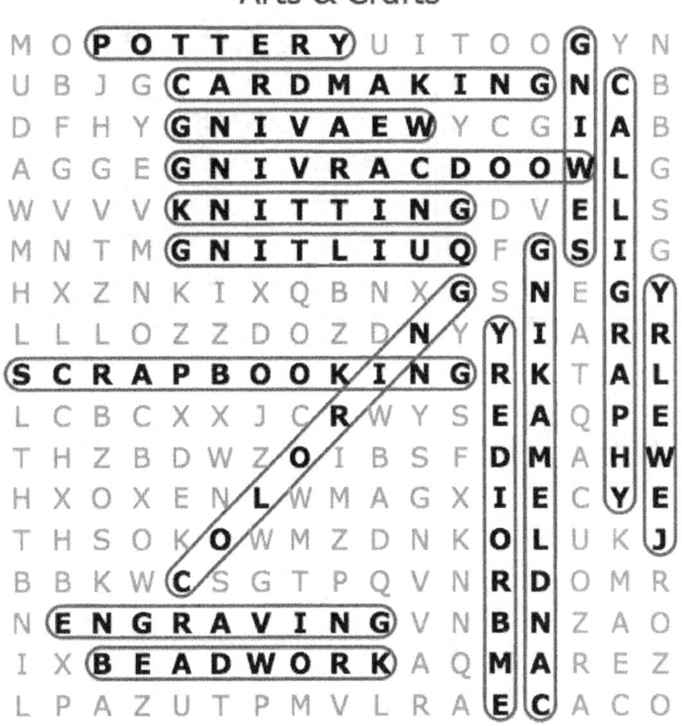

Page 73

Hobbies

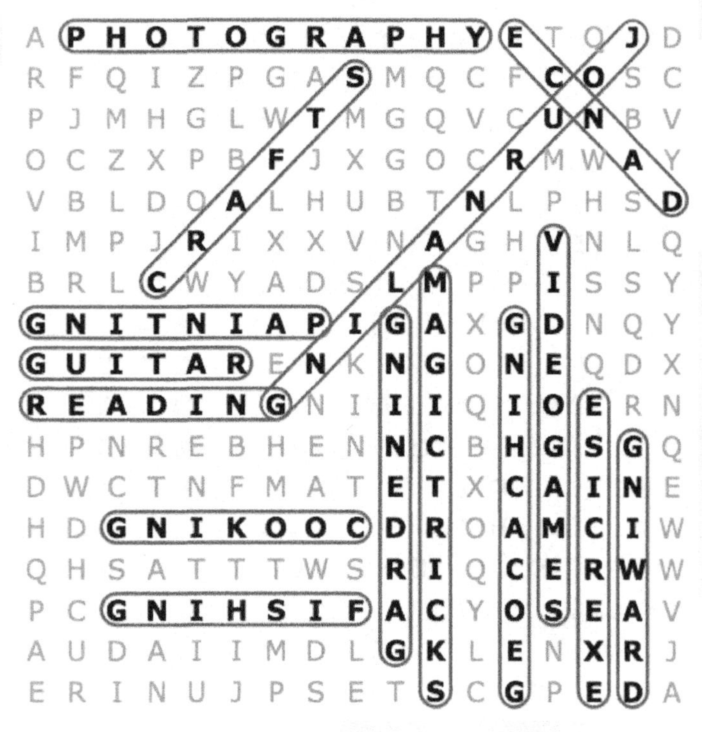

Page 74

Getting Hungry!

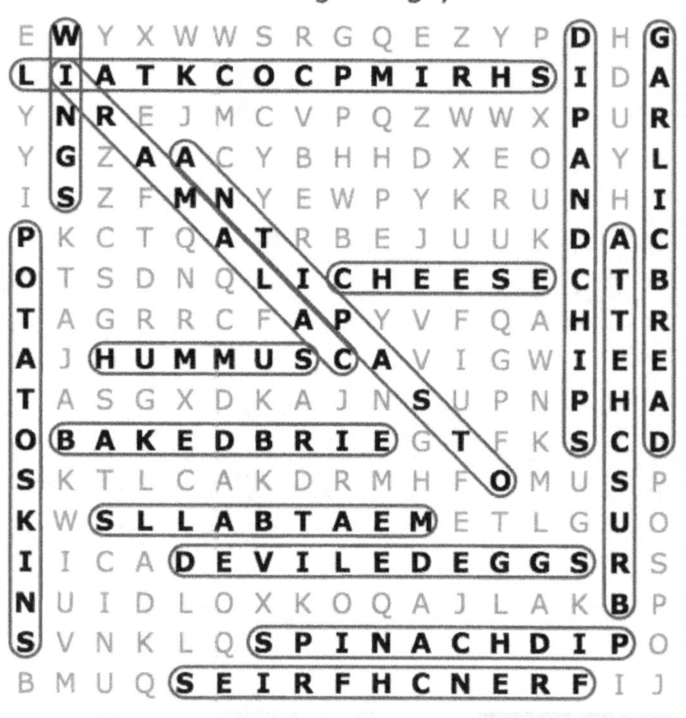

Page 75

Around the World

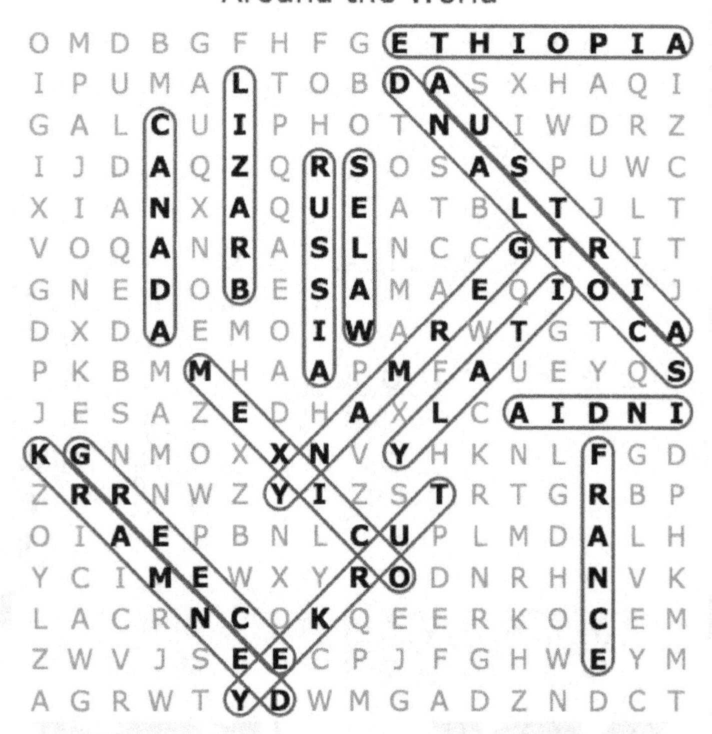

Page 76

Backyard Games

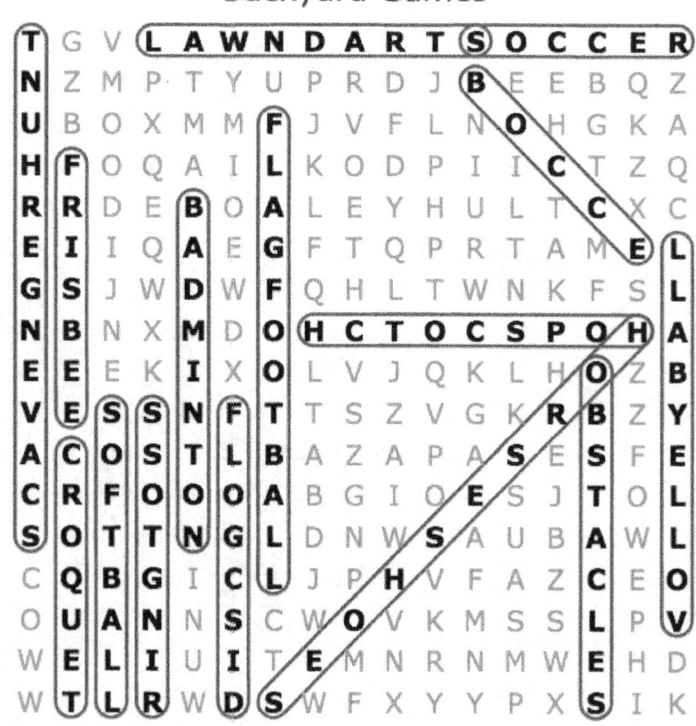

Page 77

Red, White & Blue

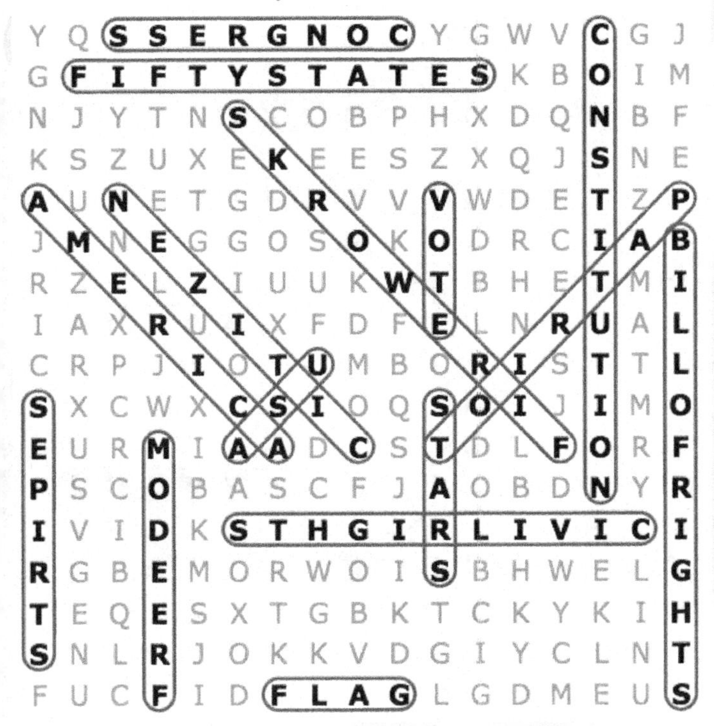

Page 78

Love at First Bite

Page 79

Field Trip Day

Page 80

Gone Fishing

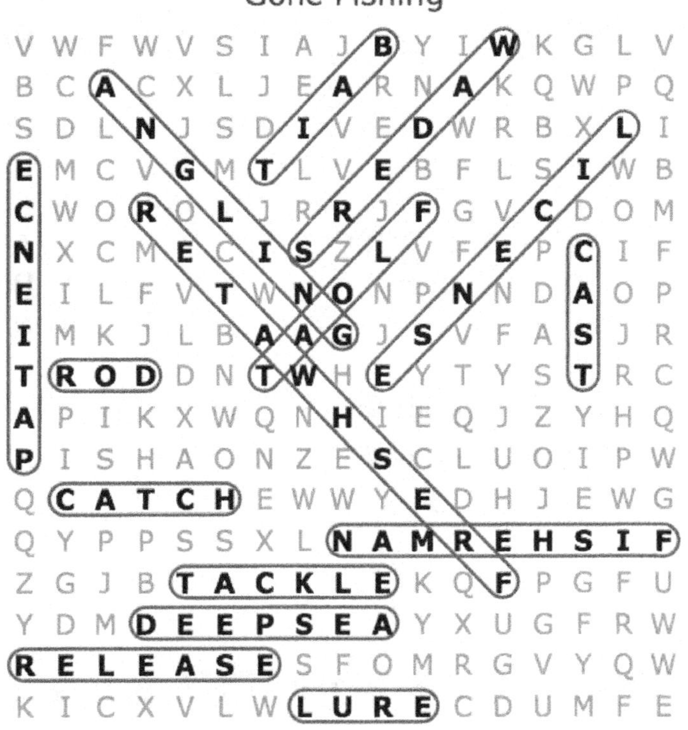

Page 81

Healthy Lifestyle

H R V B V I T A M I N S H Y K J R
P Y T X B N O I T I R T U N L M V
X L B O G M H H E A L T H C C E R
T U N S F I C G M L Q W K C R P D
G V D C D D F P R R Y S O B E R E
R J M Y I M X D V C P T F B L O O
A V E G E T A B L E S I H P A T R
T D D L F F I T N E S S L L X E G
I Q I E Y C R T E R L X T I A I A
T I T N L Y Q K H D W Q W U T N N
U T A H S E W L Z L S Y X Z I N I
D N T R X P Y G R E N E L U O G C
E V I E G B V U C D S T A F N D C
A M O U O S U P E R F O O D S U T
K H N S E T A R D Y H O B R A C M
X Z W X M M N C B M O V E M E N T
M F D Z O X J E Q B F V Q V V P G

Page 82

Self Care, Self Love

T S E L F C A R E C F R D U E J O
M G P L R Y T E Y Y M V C N U F K
G X D J E S I C R E X E X O W U L
I C W P E W Z C J M W O S X Q F A
V G A R M A N I C U R E U Y T N W
X G R A T I T U D E T N C K Q Q T
M E D I T A T E M Q P X H Y Q U X
V M T W S B U B B L E B A T H W A
D T Y C D O F B U L Y X K K X O I
Q J L D E A O G G K U L G F D A S
K R U A C L Y L R J O Z D P V I P
O B W I Y D F Y M L A N R U O J R
O F A N A Y H E F Q Z P I C D P I
C L C Y U O D S R F P W I A Z N Y
F V S P B G V D Z S F X E C X O P
Q S B F R A I H T M B R V W U C E
M G Z K P T R E B A O X K W V F F

Page 83

Luck of the Irish

C G R E E N H T B V R F C N A N K
Z Z Q S P T N I A S N E G P Q Q C
W M W O B N I A R E L J A D O V O
K W R S D J U Y V E E S N E D H R
Q P E R L Z K G B I A J U U W S M
R M V A O B G R V J F I A K C I A
N P O H G X A O H H Z H H L F R H
D U L F O T L C M T I B C K R I S
P N C I E Q V B U I A Q E W I H R
F B C I T L E C T J D B R V V S K
M P A T R I C K M E D P P J Q G J
S M H Q D I O A D L O Y E H N Z M
T O D A S Y T T A P T S L I A X S
Y M M A U F S R O D L Q B V A R L
H T W X M R E W R V R P A X O K P
A Y U Y F M E L T V I V S R J S Y
C W M F E E N U T R O F D O O G U

Page 84

Nom Nom Nom

R T G S U O I C I L E D D Z J F V
Y Z I Y E N I K V Q Q I W R N K S
Y D L H E L L C S U Z W N X N O R
P R L H V A O K T E B S N U S H E
Y H O Y B S E V R S A O L H S G D
R J F V F G D T E A R G H D P S N
X E F P A C X E S D B V O M Q P E
K I K S G S D E S I E G M K U M T
N S U O T B B W E L C O E C U M N
Z A S Q O Q X S D L U U M D J C E
S Z B G E C G H J A E R A L K D K
Z P A Q Z O W E J S D M D Q P G C
D I B G B O W O P U M E E U X Y I
L Z E O G K W L L I H T E M I E H
U Z K K R I U H T S C Q K T G L C
O A O B W N T F Q Y W E U V X W R
X Z F N J G H H F R U L R S B G Y

Page 85

Take Flight

F N O U S S V C C G K O K F F F W
Z Q N E P S I M A G U U I K S D Z
E U W N A Q Q R Z J F C T J H R U
Z B P A C N L J J L G Z E W O O Q
Q E Q L E P M I L B R S N K T N G
G D Q P S B U F U O X L P K A E H
W H P O H Y B Y C D V S A B I E E
B E D G U T K K O C O L A C R N L
T W N R T Q E K O R C O E P B A I
O G U A T T H M Y O Q A I X A L C
Y A L C L W E G P B W Q G A L P O
Y E U I E P O E N A L P I B L A P
T J I G D T F V J H O T N O O E T
N P K S U E C O Z T E J Q W O S E
Q L Y A V J R V D I B R Y H N C R
D X H R O C H A N G G L I D E R B
Q B I Y P S T L R K B H V G U X S

Page 86

Spice It Up!

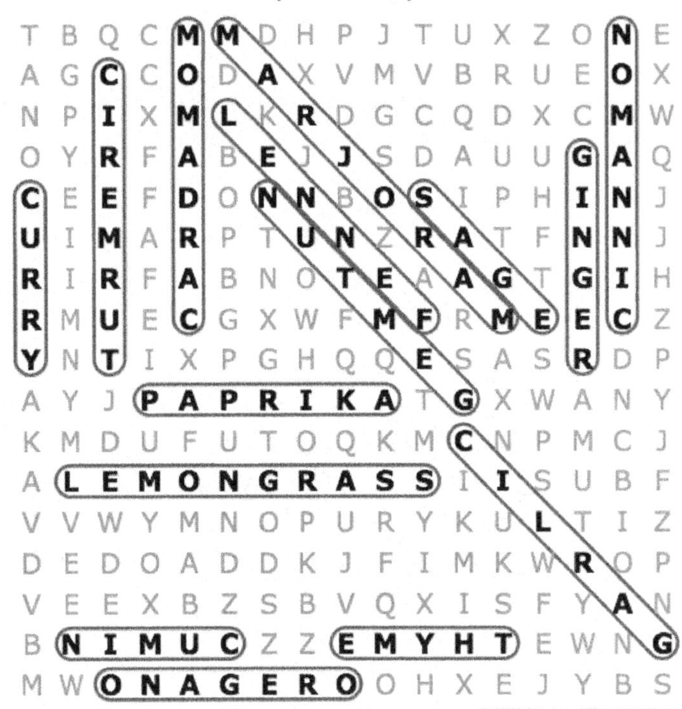

Page 87

Time to Get Dressed!

R A Q I Z M O U V L A R Q O T I U
K H J E S U O L B H Q H H W S N N
X O C M L N J D Z X N F A O E H D
O S K C E N E L T R U T C X V L E
H W S G N I G G E L E K J A K P R
C K T K T B W P B A S L G T K A W
P V Z C Z B L K G M X R Z F K N E
O S K Q S W E A T P A N T S V T A
Q S K I R T F X Z C B F Z J Z S R
J H H O W E R R V E A U G S V M L
Z J E T L V T E A W R Y T E F X S
H W C J D O Q S T C H Z R T F J I
T K U O Q J F T C A S B E M V M H
C S T R O H S M C T E K T D H J R
O J V H E U X W G L C W F A U F B
P Q E Y H G W N T A Q V S N M N B
Z T C Y W R O J J G M E S S E R D

Page 88

Types of Fish

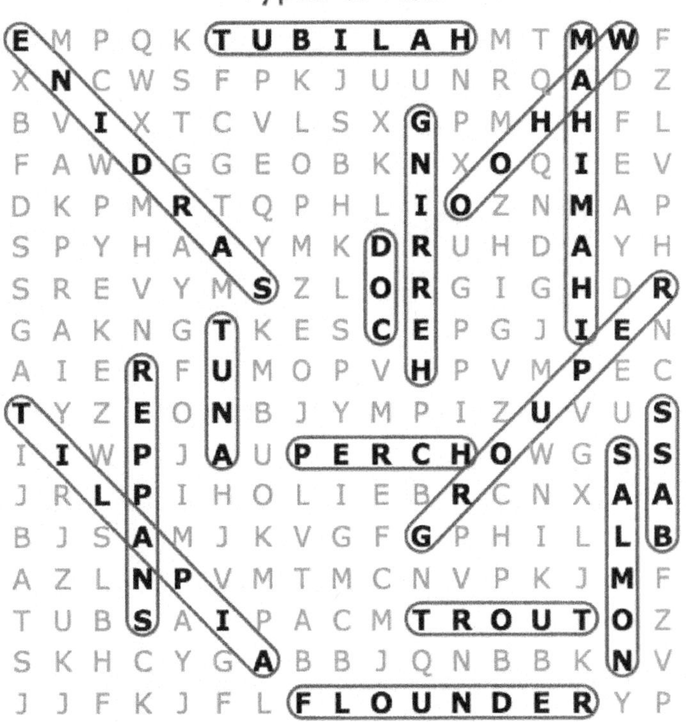

Check out our other books!

If you enjoyed this book, please leave a kind review on Amazon.

Made in the USA
Columbia, SC
10 June 2020